ELIJO CRECER

PRINCIPIOS Y PRÁCTICAS PARA UNA VIDA PLENA

NADIA VADO

TITULO: Elijo crecer / Nadia Vado Ocón

ISBN 978-99924-76-39-0

© Nadia Vado

Corrección de estilo: Gabriela Selser

Maquetación: www.triunfacontulibro.com

Diseño de portada: Yader Ramírez

Fotos de la autora: José Jiménez

Dedico este libro a mi madre, Nadine Ocón, que partió repentinamente y gozaba como nadie con mis logros, segura de que ella ahora los celebra al igual que yo. A los cuatro hombres que revolucionaron mi vida y que son parte de esta obra: Tobe, compañero espiritual y padre de mis hijos, y nuestros tres tesoros: Julio, Jacob y Joaquín.

.

ÍNDICE

Introducción

Este libro se formó en mi mente hace varios años y hoy sale a luz de manera oportuna, en un momento crucial para la humanidad. A raíz de la pandemia del Covid-19, el mundo está cambiando de forma acelerada, impactando las consciencias. Algunas personas se están adaptando, otras hacen el intento y otra parte se resiste al cambio. Las almas están en un proceso de despertar y con una gran necesidad, consciente o no, de crecer interiormente.

El ser humano muchas veces se siente vacío y perdido. Su mirada generalmente está afuera y no sabe cómo llevarla hacia adentro, porque no se le ha enseñado a hacerlo. El hombre se ha ocupado en desarrollar la ciencia, la ingeniería y la tecnología, ha hecho una gran inversión en viajar al espacio, pero muy poco hacia adentro de sí mismo. Por eso, los temas trascendentales que dan sentido a nuestra vida han quedado relegados, causando que estemos desconectados de nuestro interior. La prioridad está afuera.

Vamos a la escuela a aprender tantas cosas, que no todas llegan a ser útiles en la vida y el gran vacío en las aulas de clase es la falta de entrenamiento en temas vitales, necesarios para el desarrollo humano. Requerimos este contenido en el sistema educativo no solo para ser profesionales exitosos, sino también individuos plenos, constructores de una sociedad más consciente.

En casa nadie nos entrena tampoco para aquellos temas importantes que necesitaremos en el camino. Nuestros padres no saben hacerlo porque nadie les enseñó. No hay un entrenamiento emocional para gestionar las dificultades de la vida cotidiana. Nadie nos capacita para darle un propósito y sentido a nuestra existencia, para enfrentar las múltiples pérdidas que tendremos y para encarar con naturalidad una experiencia que nos tocará a todos, como es la muerte.

He querido plasmar en este libro, de alguna manera, este vacío que tenemos como sociedad. Mi intención es ofrecer principios, prácticas y herramientas en temas que le dan mayor sentido y plenitud a nuestra vida en este mundo. Abordo aquí aspectos trascendentales y esenciales que tienen que ver con la relación con uno mismo, con los demás y con las circunstancias que nos rodean, tanto las que están bajo nuestro control como fuera de él.

Aquí te preguntarás si estás viviendo plenamente, y si no, qué te está obstaculizando hacerlo. Podrás reflexionar si hasta ahora has vivido como has querido y qué cambios podrías ejecutar para tomar las riendas de tu vida e ir hacia donde deseas.

Este libro está dirigido a todas aquellas personas que desean crecer integralmente. A quienes anhelan entrenar su mente para el éxito, gestionar sus emociones para generar mayor bienestar emocional y fortalecer su espíritu para tener una vida más conectada al amor y a la abundancia. La propuesta es vivir de adentro hacia afuera, con la certeza que cuando emanas de tu grandeza interior todo lo imposible se convierte en posible.

En estas páginas encontrarás numerosas historias de mi vida, desde las más complejas hasta las más maravillosas. Te muestro cómo es posible levantarse, superarse y dejar que cualquier tipo de dolor te transforme en un ser más evolucionado. Estoy segura de que te identificarás con más de algún relato y confirmarás que los seres humanos estamos llenos de un mar de posibilidades para salir adelante.

Te cuento también que es posible vivir sin cargas ni deudas emocionales, sin carencias mentales y sin miedos inútiles y paralizadores. Tendrás una nueva perspectiva de cómo ir por la vida de manera más ligera, superando los retos y aquellas limitaciones de las que quizás no eras consciente.

Mi historia personal me ha enseñado mucho. En los últimos diez años, desde que prometí que mi vida sería un libro abierto, he compartido experiencias con los demás a través de mi trabajo y mis redes sociales. Hoy, este libro se abre generosamente a quien quiera superarse a sí mismo y desee encontrar formas sencillas, acertadas y eficaces para hacerlo.

También mi carrera profesional me ha permitido entrar en contacto con centenares de personas a través de las actividades que desarrollo: conferencias, talleres, asesorías, trabajo social y clases de yoga. Esto me ha permitido conocer muchas historias de vida, presenciar cara a cara aquellas necesidades existenciales que inquietan al ser humano y encontrar mecanismos para sobrellevarlas.

A través de estas páginas me acompañarás y estoy segura de que será un viaje lleno de emociones que te pondrán en suspenso, reflexión, que te harán sonreír y quizás derramar algunas lágrimas. Lo importante de esta experiencia es que tu consciencia se abrirá dándote luces sobre aquellas áreas en las que aún podrías seguir trabajando y creciendo.

Te invito a leer y a vivir la experiencia de manera plena, a llevar a cabo las prácticas y herramientas que sugiero a lo largo de la lectura. La invitación es a interiorizar cada capítulo, quizás leyendo varias veces las partes que más te resuenen. Al final de cada sección, te he dejado un resumen de las prácticas para que puedas tenerlas a tu alcance de manera más consciente. Te sugiero acompañar este libro de un diario o cuaderno para anotar tus reflexiones e ir cumpliendo las recomendaciones de cada capítulo que consideres oportunas.

Te entrego con mucho amor esta obra como una semilla, la cual caerá en tus manos y en adelante solo estará en ellas. Podrás plantarla, regarla diariamente, abonarla y cuidarla. La semilla será lo que quieras, un gran árbol de abundantes frutos o un pequeño bonsái.

Gracias por estar aquí acompañándome y acompañándonos en este maravilloso camino de crecimiento y despertar que se llama vida.

¡Elige crecer ahora!

Capítulo I:
Dándole rumbo y sentido a tu vida

Tu vida tendrá sentido cuando sepas realmente a qué has venido.

¿Cuál es tu propósito en este mundo?

Muchas personas viven sin saber por qué y para qué están en este mundo. Se sienten perdidas, en una vida sin sentido, sin saber cuál es su propósito, qué desean realmente y cómo quisieran vivir. Y no es que no lo sepan, sino que la información no ha subido a la consciencia. Nuestro espíritu ya lo sabe, conoce sus anhelos y a lo que ha venido. Podemos acceder a esta información a través de herramientas que veremos más adelante en este libro, como el silencio, la meditación, la introspección, la oración y la reflexión. Todas las respuestas están en nuestro interior.

A veces creemos saber lo que queremos, pero en realidad solo nos estamos moviendo en la superficie, sin descubrir lo que hay en el fondo de nuestros más profundos anhelos o necesidades. Veamos este caso:

——Ana, ¿qué anhelas hacer este año?

——Viajar por el mundo con mi familia.

——¿Para qué deseas viajar?

——Para vivir experiencias que generen emociones placenteras.

——¿Qué tipo de emociones placenteras?

——Alegría, gozo, ilusión, bienestar…

——¿Por qué deseas experimentar esas emociones?

—Porque me he sentido desanimada últimamente.

—¿Y a qué se debe que te sientas desanimada?

—No lo sé, desde que soy niña tiendo a desanimarme sin saber por qué.

—¿Qué ocurrió en tu infancia que te haya afectado?

—Mi padre golpeaba a mi madre delante de mí.

Ana no necesita viajar por el mundo. Ana necesita reconciliarse con su infancia y lo ocurrido con su padre y madre. Ella cree que los viajes son la respuesta a sus vacíos, lo que necesita, lo que quiere. Su alma grita otra necesidad que ella desconoce. No sabemos muchas veces lo que verdaderamente queremos o necesitamos porque nos movemos en la superficie. Ana podrá disfrutar muchos viajes, pero ese vacío siempre estará allí, resonando. Ella no sabe exactamente lo que necesita y por lo tanto no podrá llegar ahí hasta que lo sepa.

Tener un propósito es saber lo que realmente necesitamos y deseamos, y en función de eso construir lo que queremos. La mayoría de personas, al igual que Ana, no están muy conscientes de lo que quieren; o quizás lo saben, pero muy superficialmente.

Tener un propósito es tener una brújula, esa que te dará la orientación hacia dónde vas. Cuando ese norte está claro disfrutamos la vida, somos capaces de poder estructurar mejor nuestras metas y sueños e ir por ellos. Cada vez que estemos inseguros de tomar una decisión importante, podemos volver al propósito para que nos oriente y nos indique qué hacer.

Para encontrar nuestro propósito de vida podemos reflexionar:

- ¿Quién soy?

- ¿Qué me apasiona?

- ¿Cómo deseo vivir?

- ¿A qué he venido a este mundo?

- ¿Para qué soy bueno?

- ¿Cuáles son mis dones y talentos?

- ¿Qué necesita el mundo que yo pueda aportar?

- ¿Cuál es el legado que quiero dejar?

- ¿Qué quiero que digan los demás cuando me haya ido?

El concepto japonés "IKIGAI", que significa "la razón de vivir" o "la razón de ser", puede ser una herramienta útil para definir el propósito de vida. Construir tu propio IKIGAI es una manera de descubrir o esclarecer tu razón de estar en este mundo. Sugiere cuatro preguntas:

- ¿Qué amas hacer? (tu pasión)

- ¿En qué eres bueno? (tus talentos)

- ¿Qué necesita el mundo de ti? (tu contribución)

- ¿Con qué te puedes ganar la vida? (tu sostén económico)

A manera de ejemplo, un artista podría decir:

"Mi propósito de vida es llegar a los demás (pasión) a través de mi música (talentos) inspiracional (lo que el mundo necesita). Esto lo llevaré a cabo a través de mis conciertos (sostén económico).

Cabe señalar que no es imprescindible que tu propósito esté ligado a una remuneración económica. Veamos:

"Mi propósito de vida es servir (pasión) a los que amo, ofreciéndoles mi cariño incondicional y atención plena (talentos) cada vez que lo necesiten (lo que el mundo necesita)".

Para cada persona su propósito es algo muy diferente; por lo tanto, no hay propósitos errados. Para algunos será el éxito profesional, para otros tener fama y dinero, para otros la armonía familiar. Sea cual fuere, recuerda que es tuyo, lo que te mueve e impulsa en la vida. Date el permiso de tener tu propio propósito y hacer las cosas de otra manera, aun si te toca ser diferente a lo que tu familia o la sociedad han venido haciendo.

Tu propósito puede cambiar repentinamente

Muchas personas logran definir y vivir su propósito de vida. A otras, la vida las llevará por caminos inesperados y se verán obligadas a cambiarlo. Lo importante es estar abierto al regalo y fluir con aceptación de todo aquello que se nos presente. Vivir lo que te toque, confiando en que el proceso es perfecto y que cada alma recibe las experiencias necesarias para concretar su misión en este mundo.

A mis 29 años mi propósito de vida cambió radicalmente y todo lo que yo era en ese momento tomó un rumbo distinto.

Había nacido en el seno de una familia que con respeto y orgullo le llamo "matriarcado". Las mujeres son mayoría, mandan, sobresalen y tienen un gran espíritu de superación. Aprendí que la mujer debe ser integralmente exitosa en lo familiar, social y profesional.

Leal a estos principios, me esforcé por prepararme académicamente, gané varias becas, aprendí idiomas y realicé parte de mi formación profesional fuera de mi país. Aprendí a través del ejemplo que ser mujer no era ser "ama de casa", así que empecé mi vida laboral a temprana edad, negándome rotundamente a serlo yo también.

Cuando me casé me mudé de ciudad. Empecé de inmediato a buscar un nuevo trabajo, pues no podía ser "ama de casa". Recuerdo que cuando vi que no tenía posibilidades laborales, desesperadamente me dirigí a un lugar a ofrecer mis servicios profesionales de manera gratuita, pero nunca me llamaron. Poco después y sin planificarlo quedé embarazada, así que detuve la búsqueda de un empleo y dispuse retomarla una vez que mi bebé tuviera tres meses de edad.

Recuerdo que durante mi embarazo salía a la calle y lo último que deseaba era que me preguntaran sobre mi situación laboral, ya que me avergonzaba decir que no trabajaba. Una vez en un supermercado me encontré a un excolega. Cuando lo observé de largo me hice la disimulada para que no me viera y no me preguntara por mi situación laboral. Pero como quien escucha en su oído todo lo contrario, vino directo hacia mí a saludarme con mucho entusiasmo.

Se me acercó y me dijo: "Hola Nadia, ¿cómo estás?, ¿qué estás haciendo?, ¿en qué estás trabajando?". Yo me quedé paralizada, me sentí ridícula al tener que decirle "me casé y no trabajo". Sentí una vergüenza horrible ¡me sentía fracasada! Así de absurdos eran mis pensamientos, los que yo misma había creado en mi mente, los únicos causantes de mi propio sufrimiento.

Como he señalado, había decidido reanudar mi actividad laboral tres meses después de que naciera mi hijo, pero la vida me tenía una mejor oferta. Mi primer embarazo se desarrolló muy normal; sin embargo, a los seis meses de gestación el ginecólogo me dijo que observaba una anormalidad en el riñón y que cuando el niño tuviera 40 días de nacido le hiciéramos un ultrasonido para ver de qué se trataba.

Y así lo hicimos. En febrero de 2010, los médicos encontraron que mi hijo Julio César había nacido con una malformación en los uréteres y nos sugirieron llevarlo a Costa Rica para practicarle un examen que no se podía realizar en Nicaragua. Estando en el pasillo del hospital en espera del examen, un doctor comentó que el niño miraba de forma extraña y que nos recomendaba llevarlo a un oftalmólogo de urgencia. A nosotros nos pareció una locura, pues nunca habíamos notado nada raro en su visión.

Esa misma tarde, una oftalmóloga revisó a Julio y encontró que estaba prácticamente ciego, que había nacido con cataratas en ambos ojos y que debía ser operado de emergencia. Nos remitió con un pediatra para recibir la autorización del ingreso del niño al quirófano; en esa cita, el doctor nos informó que Julio había nacido también con un soplo en el corazón. Fue una bomba de noticias, pero las recibimos seguros de que Dios estaba empezando algo grande en nuestras vidas.

La cirugía fue programada dos días después de estos hallazgos, el lunes 15 de marzo. La noche anterior a la operación, mi hermana Nadine me llamó al hotel para darme aliento. Me dijo que el santo del 15 de marzo era San Longinos, un santo desconocido por muchos, pero uno de los pocos que conoció personalmente a Jesús; el soldado que al pie de la cruz traspasó el costado de Jesús con una lanza. Longinos se estaba quedando ciego y al dar la lanzada, una gota de sangre de Jesús cayó sobre sus ojos y al instante recobró la visión; por tal razón, abandonó la carrera de soldado y llevó una vida monástica. Mi hermana, en esa misma llamada, me informó que el Evangelio del 15 de marzo (Jn 4, 43-54) hablaba de un padre que pedía a Jesús la sanación de su hijo y este era sanado.

Los signos mencionados me dieron fuerza y fe. Sabía que había un santo que había sido ciego y sanado por Jesús, y que además oraba en su día por la operación de mi hijo. También sabía que ese mismo día había una promesa bíblica de sanación. Además de los mensajes de mi hermana, la mañana de la cirugía mi bebé amaneció con una gran escarcha dorada en el ojo izquierdo. Se dice que ese tipo de escarchas es una manifestación de la Virgen María y significa sanación. Todo esto para mí fue suficiente para saber que Dios había pensado y reservado esa fecha para curar a mi hijo de su ceguera.

El viaje a Costa Rica era por tres días que se convirtieron en un mes. Debíamos permanecer ahí para vigilar el proceso postoperatorio de nuestro hijo. En diferentes ocasiones se nos dijo que corríamos riesgos y que existía la posibilidad de una segunda cirugía. El clima era muy incierto y doloroso. Cuando nos dieron de alta, la doctora que había operado a mi bebé me dijo que debía iniciar terapias de estimulación temprana y visual, algo que para mí era un mundo totalmente desconocido.

Cuando regresé a mi país supe que el único lugar que podía ayudarnos en ese momento era "Los Pipitos". Conocí allí a Mayra Campos, una terapeuta de baja visión con quien trabajé semana a semana los tres primeros años de vida de mi hijo. Con ella aprendí muchísimo sobre estimulación visual. Paralelo a las terapias, mi hijo era sometido a múltiples cirugías en sus ojos.

Habíamos entrado en un mundo incierto, con cuidados las 24 horas del día y en el que los viajes, quirófanos y terapias empezaban a ser una nueva forma de vida que me convertía por completo y de manera indefinida, ahora sí, en una "ama de casa".

Me entregué a la idea de que no sería la profesional que soñaba ser y con el tiempo empecé a disfrutar mi papel de madre, el estar en casa a tiempo completo, ver crecer a mi hijo día a día; era un trabajo retador, sin horario y con muchas horas extras, pero maravillosamente reconfortante. Fueron cayendo poco a poco mis ideas radicales, mis complejos y temores sobre el tema de ser "ama de casa". Empecé a liberarme comprendiendo que estaba en el mejor lugar ejerciendo el mejor trabajo. Sentía que disfrutaba un tiempo con mi hijo que nunca volvería, en el que yo era su mundo, segura de que mañana ya no lo sería.

Los seres humanos tenemos diferentes ideas preconcebidas de cómo debemos ser y hacer nuestra vida. Muchas veces estas ideas encasilladas y poco flexibles nos limitan, nos producen dolor, complejos, ansiedad, frustración. Enfrascarnos en ideas duales como éxito-fracaso, correcto-incorrecto, abundancia-escasez puede llevarnos al sufrimiento. Podemos estar en un área que no es ni la una ni la otra y estaremos a salvo, ya que no todo es bueno o malo. El fracaso te enseña lo que no debes repetir, la escasez te enseña a valorar lo que tienes, lo incorrecto te lleva a buscar la verdad. Entonces toda experiencia tiene utilidad en nuestra vida.

La historia vivida con mi hijo me ayudó a conocer el mundo visual y a sensibilizarme con este tema. Me di cuenta de que, si esto para mí era difícil, teniendo los medios económicos y la oportunidad de ir al mejor hospital oftalmológico de Estados Unidos, ¿cómo sería para una mujer campesina o madre soltera de escasos recursos?, ¿cómo compraría lentes y costearía las cirugías?, ¿dónde obtendría atención oftalmológica viviendo en el campo?

Entonces sentí el llamado de crear una fundación para ayudar a niños con dificultades visuales. Pero, ¿cómo y cuándo crearía yo una fundación?, ¿por dónde iba a empezar? Esto me lo pregunté múltiples veces sin encontrar respuestas.

Un día sentí que Dios me decía que habría un momento perfecto más adelante, que alguien iba a tener una vivencia similar a la mía y que con esa persona íbamos a desarrollar algo social. Creí en este mensaje y mientras llegaba ese momento, contacté a la doctora María José Córdova, oftalmóloga pediatra, quien me invitó a trabajar con ella como voluntaria en el Programa de Prevención de Ceguera Infantil del Club Rotario Managua-Tiscapa, en el hospital "La Mascota". Es el único programa en Nicaragua que atiende de manera permanente y gratuita a niños de 0 a 16 años con dificultad visual.

Trabajé ahí por un tiempo realizando pruebas de agudeza visual, asistiendo a la doctora en la revisión de los niños y organizando jornadas nacionales de prevención de ceguera infantil. Esa experiencia me sirvió para conocer y valorar la grandiosa labor del programa, y supe que la fundación que deseaba crear debía sumarse a este esfuerzo que ya existía.

Paralelo a todo esto nació mi segundo hijo, Jacob. Diferentes médicos genetistas nos habían dicho que no nacería como su hermano, ya que no existía una condición genética. Sin embargo, Jacob nació igual, con cataratas en ambos ojos. Después del parto, al tenerlo en brazos, yo misma las observé. Recuerdo haberme levantado de la cama recién parida y salir corriendo a la sala cuna a buscar a su pediatra.

Llegué a la sala de neonatos. Nunca olvidaré la mirada del doctor Fulgencio Báez cuando me vio a través del vidrio. Abrió la puerta y yo le dije: "doctor, nació con cataratas". Y él viéndome fijamente a los ojos, asustado, me dijo: "sí, estaba esperando que estuvieran solos en la habitación para darles la noticia". Empecé a llorar. Minutos después llegó Julio, mi esposo, y le dije: "esta será la primera, única y última vez que me verás llorar porque Jacob nació así".

Otra vez empezábamos de cero, pero ahora con más fuerza y fe. Tener un segundo niño con esta condición me reconfirmaba que definitivamente yo tenía una misión con el tema visual en Nicaragua.

Un día, estando en un retiro espiritual, recibí la llamada de una amiga que había conocido en el colegio, pero a quien nunca veía. Me dijo que acaban de diagnosticar a su bebé con cataratas y me pidió que le ayudara con información. Dos años después, ella y yo nos unimos en el mismo sueño: era la persona que Dios me había dicho que llegaría para realizar el anhelo de formar la fundación.

Así nació **Niños 20/20**, uniendo sueños, ideas, anhelos y esfuerzos. Pensamos en una organización que gestionara fondos para apoyar al programa de prevención de ceguera infantil en el que yo había trabajado. Debía ser, además, una organización que ayudara a sensibilizar y difundir el tema de prevención de la ceguera infantil en Nicaragua.

Iniciamos en marzo del 2013 organizando jornadas y eventos de recaudación, gestionando recursos y proyectos para mantener el programa. Luego establecimos alianzas con empresas privadas como Ópticas Münkel y licitamos proyectos, ganando equipos médicos para el programa. Hoy en día, **Niños 20/20** es el principal donante del programa que anualmente lleva a cabo miles de consultas oftalmológicas y centenares de operaciones quirúrgicas para niñas y niños de escasos recursos que llegan de todo el país.

La historia de mis hijos me cambió radicalmente. Lo vivido con ellos modificó por completo mi visión de todo y le dio a mi vida mayor sentido y plenitud. Mi propósito también cambió. El dolor, la incertidumbre y el nuevo mundo al que tenía que enfrentarme le dieron más sentido a mi vida. Me dediqué por completo a mis dos hijos. Sin embargo, una vez que ellos comenzaron la escuela, empecé a preguntarme qué haría de mi vida profesional y cuándo la retomaría.

En esa reflexión me di cuenta de que yo no era la misma de hacía seis años, que había cambiado, que mi corazón ya no estaba en el lugar que antes estaba a nivel profesional. Empecé a sentir que quería ayudar y acompañar a las personas para que encontraran sentido a sus vidas. Quería acercarme a los demás con un mensaje espiritual. Deseaba dar conferencias de crecimiento personal, pero no sabía cómo hacer, por dónde empezar ni a quién buscar.

Una tarde estaba en mi casa con una gran amiga, a quien le dije: "Fernanda, quiero dar charlas, talleres y conferencias en las empresas, ¿qué hago?, ¿cómo puedo llegar yo a una empresa y ofrecer mis servicios sin ninguna preparación académica?". Ella me dijo: "estudiá para ser *coach*". Esa misma tarde empecé a investigar lo que era ser "*coach*". Comencé mi búsqueda de escuela y me dije a mí misma: "si tengo que estudiar esto para alcanzar mis anhelos, lo haré; si ese cartón me acerca a mi propósito, así deba iniciar de nuevo, lo haré". Y así fue como inicié mi certificación para posteriormente comenzar mi carrera de *coaching* empresarial y llegar a hacer todo lo que ahora hago en el mundo del desarrollo y crecimiento personal.

He visto mi historia reflejada en las de otras mujeres nicaragüenses, cuyas vidas también cambiaron de un momento a otro. Una de ellas es Vivian Pellas, quien sufrió un accidente de avión hace muchos años; siendo de las pocas sobrevivientes, supo en carne propia lo que era quemarse. Su historia de dolor la llevó a otro nivel, su vida tomó mayor sentido y sirvió como prenda para que hoy miles de niños nicaragüenses puedan recibir atención médica a través de la Asociación Pro-Niños Quemados de Nicaragua (APROQUEN), fundación que ella creó.

Otra historia conmovedora se la debemos al espíritu dócil de Amalia Frech, madre de una niña con cáncer que a pesar de haber batallado fuertemente perdió la vida. Doña Amalia sacó de las cenizas su dolor y lo convirtió en la Comisión Nicaragüense de Ayuda al Niño con Cáncer (CONANCA), misma que ha contribuido a salvar la vida de miles de niños nicaragüenses.

He compartido este testimonio para contarte cómo mi historia me llevó a cambiar mi propósito de vida de manera repentina. Antes estaba enfocada y centrada en el desarrollo profesional, alejándome de la posibilidad de vivir de forma más sencilla para criar a mis hijos en casa. Luego de lo ocurrido, mi centro de atención pasó a ser lo espiritual, mi bienestar personal, familiar y las necesidades de los demás.

Algunas veces ocurrirá algo que hará que todo cambie de un día a otro, aunque no necesariamente tendrá que ser así. Podrían cambiar tu estilo de vida, tus anhelos y tu vida laboral. Las crisis, cuando las sabemos aprovechar, sacan lo mejor de nosotros y nos obligan a llevar a cabo cambios que le dan mayor sentido a todo.

Si el rumbo de tu vida varía de un momento a otro no olvides que siempre podrás reinventarte y que algo maravillo viene con los cambios. Lo que llegue siempre será parte de un plan perfecto y por tanto requerimos estar abiertos, ser flexibles y dóciles para dejarnos transformar por el regalo que se nos presente.

La importancia de tener una intención diaria

Una vez que tenemos un propósito de vida claro es más fácil darle una intención a cada día. La intención diaria debería acercarme al propósito de vida. Cuando amanecemos podemos decir: mi intención el día de hoy es ser agradecido, aceptar los imprevistos o disfrutar de las cosas más simples que se me presenten. Una vez que yo tengo esta intención, la entrego a Dios para recibir luz y guía.

Cuando vivimos de forma intencionada o con pequeños propósitos, nuestro día a día tiene más sentido, desarrollamos más la atención en lo que deseamos y va ocurriendo. Y tenemos mayor capacidad para medir nuestros progresos.

Asimismo, cada noche podrías evaluar y reflexionar como se desarrolló tu intención del día, valorar tus avances y celebrarlos. Una persona sin momentos reflexivos como estos no es capaz de apreciar sus progresos.

Con esta sencilla práctica de definir, día a día, una pequeña intención iremos viviendo de forma menos automática y más consciente, disfrutando los regalos que se nos presentan en cada jornada.

El valor de un plan de acción personal

El colaborador de una empresa conoce la misión, visión y valores de la entidad para la que labora. Sin embargo, hay una empresa más importante, que es nuestra propia vida. Muchas veces no hemos hecho el ejercicio de conocer y definir nuestra misión, objetivos o propósito de vida. De igual forma, la familia es una empresa importante en donde se podría construir esa visión, los valores que les caracterizan y las metas que les unen.

Todos tus sueños y objetivos se derivan del propósito que tiene tu vida. La mayoría de las personas no alcanzarán a cumplir sus anhelos porque no saben cómo hacerlo y todo queda de forma abstracta y sin rumbo. Para ello se necesita un plan.

El plan de acción para alcanzar lo que deseas es importante porque define cómo llegar del punto A al punto B. Para ello es preciso:

- Conocer el punto A: ¿Cómo estoy?, ¿qué quiero?, ¿qué necesito?

- Conocer el punto B: ¿Cómo quiero estar?, ¿qué habré ganado?, ¿cómo me sentiré cuando llegue a B?

El plan de acción es el camino y la metodología que nos permite aterrizar, concretar y tener un buen norte para alcanzar lo que deseamos. Se puede realizar tras un ejercicio reflexivo:

1. Defino mi objetivo: ¿Qué deseo alcanzar y cuándo?

Reviso si mi objetivo es específico, medible, alcanzable, realista, relevante y fijado en el tiempo. A esto le llamamos un objetivo inteligente (*Smart*, en inglés). Un ejemplo de objetivo *Smart* es:

"Reduciré 20 libras de mi peso en dos meses".

El objetivo es específico (20 libras), se puede medir y alcanzar de forma realista. Es relevante para esa persona y está fijado en el tiempo (dos meses).

2. Una vez que confirmo que mi objetivo es *Smart*, construyo el plan de acción respondiendo a las siguientes preguntas:

- ¿Qué acciones necesito realizar para alcanzarlo?

- ¿Cuándo haré esas actividades? (agendar)

- ¿Qué necesitaré?

- ¿Quién podría ayudarme?

- ¿Cómo sabré que he alcanzado mi objetivo?

- ¿Cómo podré medir (indicadores) que lo he alcanzado?

- ¿Cómo me sentiré cuando lo haya cumplido?

Cuando hayamos respondido a las interrogantes anteriores podremos sistematizar la información en una tabla, de esta manera:

Plan de Acción Personal					
Objetivo	Situación actual (1 mayo)	Situación esperada (1 julio)	Indicador semanal	Acciones a realizar	Recursos necesarios
Reducir 20 libras	170 libras	150 libras	2.5 libras por semana	Hacer ejercicios	Entrenador
				Hacer dieta	Nutricionista

Es importante acompañar este plan de acción con la guía de mentores que nos ayuden en el camino; buscar siempre el mejor recurso humano para que lo mejor también llegue a nuestra vida. Podríamos buscar personas que hayan recorrido el camino que deseamos transitar. Aprender de otros es una forma importante de crecer.

Un propósito de vida claro, acompañado de una intención diaria y un plan de acción hace que la persona viva una vida más enfocada y orientada a alcanzar sus objetivos y anhelos. A veces será necesario un poco de método y estructura para concretar nuestras metas.

Resumen de las prácticas para darle rumbo y sentido a tu vida

1.   **¿Cuál es tu propósito en este mundo?**

- Tómate un día a solas para reflexionar sobre lo que verdaderamente deseas y necesitas. ¿Cuál es verdaderamente el origen emocional de tus más grandes anhelos?

- Recuerda la historia de Ana. Construye tu propósito de vida utilizando la guía de preguntas brindada y tu IKIGAI.

2.   **Tu propósito puede cambiar repentinamente**

- Si tu vida ha cambiado repentinamente, observa y reflexiona si hay algo en tu propósito y plan de acción que también deba cambiar.

- ¿Quién eras antes y quién eres ahora?, ¿cómo te has reinventado?

3.   **La importancia de tener una intención diaria**

- Formula diariamente tu intención al iniciar el día.

- Revisa que esté alineada a tus valores y propósito de vida.

- Al finalizar la jornada diaria, haz una valoración/evaluación de cómo llevaste a cabo esa intención.

4.   **El valor de un plan de acción personal**

- Elabora un plan de acción personal para alcanzar tus objetivos o metas deseadas. Utiliza el cuestionario y tabla facilitada.

- Una vez que tengas tu plan y lo pongas en marcha, observa y valora cómo este te ayuda a aterrizar y a concretar más fácilmente tus objetivos. Evalúa también a través de este tus progresos.

Capítulo II:
Aprendiendo a vivir con desapego

El apego nos conduce a la esclavitud, el
desapego a la libertad...

Resiliencia: la vida siempre trae más de lo que se lleva

El año 2018 fue uno de los más complejos que he vivido hasta hoy, pero el que más lecciones y aprendizajes me ha dejado. Por ello estaré siempre agradecida. Mi año inició con la fase final del cáncer de mi tío (hermano de mi mamá), a quien enterramos el 29 de enero con mucho dolor ante una muerte rápida.

Dos meses y medio después de la partida de mí tío, sobrevino una profunda crisis sociopolítica y económica en Nicaragua. Nos expusimos a enfrentamientos y violencia en las calles. Diariamente morían jóvenes frente a los ojos de todos. El mundo se detuvo para los nicaragüenses. Las carreteras y principales avenidas estaban obstaculizadas como forma de protesta. Las escuelas cerraron y muchos negocios no operaban con normalidad, lo que provocó la pérdida de miles de empleos y una migración masiva.

En julio de ese mismo año, ante tanta violencia y peligro, mi esposo y yo decidimos salir del país con nuestros hijos sin saber si volveríamos. Nos tocaba desapegarnos y vivir un día a la vez.

Uno de los momentos más difíciles lo vivimos un domingo, cuando mirábamos en directo por televisión lo que sería el inicio de una marcha de protesta ciudadana. Todo aparentaba ser normal, pero de pronto y de manera violenta se llevaron presos a varios manifestantes. Ahí estaban mis primos y algunos amigos. Me sentía impotente viendo eso, empecé desesperadamente a llamarlos, pero ya nadie contestaba los celulares, pues habían sido desbaratados a la hora de la captura. Mis primos estuvieron detenidos en la cárcel de "El Chipote", pude sentir el inmenso dolor de tener preso a un familiar en ese funesto lugar de torturas.

Al día siguiente de la liberación de mis primos, recibí en mi correo electrónico el examen que diagnosticaba a mi madre con cáncer. Desde ese momento mi mundo se complicó aún más. A partir de aquel diagnóstico hasta el día que murió transcurrieron menos de tres meses y yo me dediqué a ella por completo, en cuerpo y alma. Dejé todo a un lado para atenderla en sus últimos días.

Cuando el año terminó, hice el balance que siempre acostumbro hacer. Se trata de un inventario anual de todos los sucesos buenos que se tradujeron en ganancias y de los más difíciles. Mi lista me mostró que había ganado más de lo que había perdido.

Efectivamente, había perdido a mi madre, a mi tío, la libertad de mis primos, la estabilidad del país y oportunidades laborales. Sin embargo, había ganado sabiduría, resiliencia, fortaleza, flexibilidad, reinvención, capacidad para vivir un día a la vez y mucha experiencia para ayudar a otros. La vida siempre trae más de lo que se lleva si estamos atentos y podemos reconocerlo.

También ese año desarrollé fluidez y tolerancia por aquello que no podía cambiar, por lo que no estaba en mis manos. Todas estas lecciones fueron acompañadas de mucho dolor. El dolor fue mi maestro, ¿cómo podría rechazarlo?, ¿cambiaría mi situación si pudiera hacerlo? Nunca. Comprendí realmente que es en la dificultad y no en la alegría cuando más crecemos.

Aquel fue un período en el que forzosamente tuve que practicar la resiliencia y el desapego. Ambas virtudes tratan de aceptar lo que ha ocurrido, soltar lo que no podemos cambiar y salir adelante con lo que tenemos. El desapego nos invita a dejar atrás todas aquellas situaciones que ya ocurrieron, porque seguir atados a estas y cargarlas imposibilita avanzar. De hecho, cuando no interiorizamos ni integramos las experiencias que vienen a aleccionarnos, estas tienden a repetirse una y otra vez de diferentes maneras, hasta que aprendamos.

Para crecer interiormente necesitamos vivir con desapego y resiliencia, a fin de superar las situaciones difíciles y al mismo tiempo ser transformados positivamente por estas. El resiliente se convierte en una mejor persona de la que era antes de que esa situación llegara a su vida.

Somos resilientes cuando le damos sentido a la dificultad. Podemos sufrir la muerte de un ser querido o una mascota, perder la salud, un trabajo o un negocio, mudarnos de país, por ejemplo. El significado se lo damos cuando en el proceso de soltar empezamos a ver una oportunidad en lugar de una tragedia. Así le damos paso a las lecciones y aprendizajes de lo que estamos viviendo. Empezamos a preguntarnos "para qué" en lugar de "por qué". Por ejemplo, ¿para qué es útil esto que estoy viviendo?, ¿para qué ha llegado a mi vida? Cuando damos este giro nos desapegamos, dándole significado al dolor y alejándonos del sufrimiento.

Elegimos el sufrimiento consciente o inconscientemente cuando nos lamentamos sin tomar acción, sin buscar ayuda, rechazando las lecciones de la situación. Sufrimos cuando estamos en un estado de negación, cuando hay poca voluntad para superar lo vivido. Este estado cobra fuerza cuando estamos constantemente reviviendo lo acontecido a través de la negación, la crítica y la queja. El resiliente no se hunde en el sufrimiento. Su proceso de desapego lo vive consciente, buscando superar su pérdida sea cual haya sido.

La madre naturaleza nos habla y nos enseña a desapegarnos. Aprendemos de ella que todo tiene un principio y un fin, que todo acaba naturalmente o se transforma en algo diferente, así como el día acaba para que llegue la noche, o la primavera se va para darle la bienvenida al verano. Siempre encontraremos esta sabiduría en el reino animal y vegetal si estamos atentos y observamos el mensaje que se nos regala.

En un viaje que hice con mi familia al norte de Nicaragua, donde el clima es más fresco que en la capital, encontré una hermosa flor conocida como "mil flores". Cuando la vi no dudé en comprar un par de plantas. El vendedor me dijo: "señora, no le van a *pegar* en el clima cálido de Managua". Yo de igual manera no perdí la esperanza, nada me costaba intentar, así que las compré y las sembré en el jardín al llegar a mi casa.

Cuatro meses después la planta floreció. Me enseñó su espíritu de sobrevivencia, de adaptación al cambio y su necesidad de florecer. Asimismo confirmé que a veces es bueno insistir y creer que las cosas pueden ser posibles, aunque nos digan lo contrario. Recibí una gran lección.

Por otro parte, entre los animales, las águilas son algunos de los más aleccionadores. Cuentan con una vista aguda y sensitiva, perciben antes que ningún ave la proximidad de la tormenta y, cuando esta llega, vuelan por encima de la tempestad y sobreviven. Las otras aves mueren. Su vida promedio es de 70 años, pero a los 40 sus uñas, alas y pico ya no le funcionan igual. El águila tiene dos opciones: morir o renovarse. Entonces se retira a solas, se refugia en el árbol de una montaña y desde allí atraviesa un proceso doloroso. Se arranca las plumas, las uñas y el pico para esperar que le crezcan nuevamente. Y al cabo de unos cinco meses, alza su vuelo renovada.

El águila nos habla de soledad y silencio para crecer, de perspectiva y visión para enfrentar las dificultades de la vida. Nos da una lección de resiliencia y superación para sobrellevar las crisis, de transformación para renacer a una vida nueva. Nos invita también a volar por encima de la tormenta para sobrevivir.

Esa tormenta son nuestras dificultades. La invitación es a ubicarnos encima, sin identificarnos con lo que nos ocurre; sabiendo que no somos nuestros problemas y que somos más fuertes que ellos. Somos nuestra actitud y las oportunidades que surgen de ellos. Esta visión nos permite forjar un espíritu resiliente para soltar, confiar y comprender que muchas veces vamos a perder, pero también a ganar. De eso se trata la vida. En síntesis, eso es desapego.

Cuando hablamos de resiliencia y desapego no podemos dejar a un lado el tema de la muerte. El hombre occidental generalmente le teme a la muerte y por lo tanto evita hablar sobre ella. Nadie nos entrena para morir, pese a que eso es lo único seguro que tenemos todos.

Dar un pésame se hace incómodo y difícil. Decirle a alguien enfermo o de la tercera edad que se prepare para su muerte pareciera una falta de respeto. Sin embargo, necesitamos ver este tema con más naturalidad, sin menos rodeos. En la sociedad habría menos problemas familiares si las personas escribieran sus testamentos y dejaran bien organizados sus bienes materiales. Pero hablar de esto es tabú para muchas familias.

La muerte es un acto tan natural y trascendental y así traté de vivirlo con mi madre cuando se nos fue. Ante su inminente partida yo le pedí a Dios tres cosas:

- Que me permitiera estar a la hora de su muerte.

- Que tuviera la gracia de una muerte feliz y serena.

- Que se fuera de madrugada para enterrarla ese mismo día por la tarde, y todo fuese menos doloroso.

La noche del 8 de enero de 2019 prácticamente no dormí, pues sus signos vitales tambaleaban como montaña rusa. En la madrugada, antes de que amaneciera, mi hermana y yo nos encontrábamos ya junto a su cama. El momento se acercaba.

Una muerte esperada es un acontecimiento significativo. Es como el nacimiento de un ser humano, todos están ansiosos, a la expectativa. Por raro que se escuche, es un momento doloroso pero a la vez espiritualmente emocionante. Cuando hay fe, sabes que su alma está a pocos minutos de trascender y que estás siendo testigo e instrumento para que eso ocurra de la mejor manera.

Ya estaba amaneciendo cuando mi hermana y yo empezamos a orar en voz baja, de rodillas a ambos lados de su cama. Yo sostenía su mano derecha y mi hermana la izquierda. Ella estaba consciente escuchándonos, aunque con sus ojos cerrados por la debilidad física. Primero rezamos un rosario completo y luego la coronilla de la Divina Misericordia. Cuando terminamos, mi hermana recibió la gracia que reciben algunos primogénitos, el momento de decirle que partiera. Mi mamá asintió y se nos fue en la aurora de ese 9 de enero.

Fue un momento santo. Una comunión total entre ella y sus dos hijas, el trinomio unido que siempre fuimos. Mis tres solicitudes estaban cumplidas: fue la partida perfecta, la que yo pedí y la que ella merecía.

El dolor te fortalece o te debilita. Su partida me dejó su fuerza y determinación. Tomé el dolor de su ausencia física y lo transformé en poder, me llevó a otro nivel. Me dejé guiar, recibí todo tipo de ayuda y cariño, me levanté y permití que el duelo empezara a sanar también otras áreas de mi vida.

Superé el primer cumpleaños, la primera Navidad y otros eventos significativos sin ella. Sentí su presencia y su guía muchas veces. Transité tempestades y momentos de calma sin ser la misma; su partida me empoderó y me transformó en un ser humano más evolucionado. Las crisis tienen justamente este efecto en quienes las abrazan.

En conclusión, un espíritu resiliente nos ayudará siempre a sobrellevar de forma más consciente la muerte y cualquier otra pérdida.

Sufriríamos menos si tan solo cambiáramos nuestra percepción de lo que se va de nuestra vida. El sufrimiento no se debe tanto a las circunstancias, sino a los pensamientos que tenemos con respecto a estas. Estoy segura de que las dificultades también te han hecho más fuerte, y siempre que intentes —sin apegos— encontrarles sentido, podrás por gracia y con asistencia divina sobrellevarlas mejor.

La sabiduría de la incertidumbre

La incertidumbre es una emoción generada ante la carencia de conocimiento certero sobre algo que nos inquieta. Esta emoción generalmente ocasiona incomodidad a la mayoría. Algunas personas son más tolerantes que otras según su historia de vida, personalidad y visión de los acontecimientos que les toca encarar.

El ser humano tiene varias necesidades básicas. Dos de ellas están relacionadas con la incertidumbre: "necesidad de poder y control" y "necesidad de seguridad y sobrevivencia". Constantemente necesitamos saber cómo son las cosas, qué va a pasar, cómo y cuándo van a ocurrir. Queremos tener todo bajo control y por eso procuramos poseer ahorros, seguros médicos, de casa y vehículos, y todo aquello que nos aporte esa anhelada certidumbre.

Nadie nos entrena para la incertidumbre. Cuando llega algo que está fuera de nuestro alcance, la necesidad de seguridad, poder y control se siente amenazada y la situación puede llevarnos a experimentar estrés, miedo, ansiedad o depresión. Requerimos, por tanto, herramientas que nos ayuden a convivir con la incertidumbre; herramientas de las que carecemos pues no estamos habituados a prepararnos para ciertos asuntos de la vida.

Algunas pautas que podrían servirte para manejar la incertidumbre tienen que ver con el sentido o significado que le das. Como en nuestra sociedad la incertidumbre tiene una connotación negativa, imaginemos por un momento que venimos de otro mundo donde no lo es. De esta forma nos damos la oportunidad de:

- Observarla de forma interesante y no angustiante, como parte del suspenso y emoción de la vida.

- Observarla como una oportunidad para vivir con más desapego, rendición y entrega de todo aquello que te inquieta.

- Convertirla en una certidumbre positiva. Que sea más bien un ancla para afirmar algo que deseas. Si tu incertidumbre es en torno a enfermarte, afirma inmediatamente "estoy sano". Podrías repetirlo muchas veces hasta convertirlo en una certidumbre.

La incertidumbre se alimenta de nuestros pensamientos. Ella tiene peso únicamente si nosotros se lo damos. La ansiedad que acompaña a esta emoción se debe no a lo que desconocemos, sino a lo que pensamos con respecto a eso; por lo tanto, el arte será minimizarla viviendo un día a la vez y dejando de alimentar aquellos pensamientos que la hacen crecer.

La aparición del Covid-19 desató una ola mundial de incertidumbre. En mis sesiones virtuales con las empresas explico que la incertidumbre surge por la necesidad de saber el futuro, pero que en realidad no necesitamos saberlo. Esto lo maduré un día en que meditaba qué habría ocurrido si recién casada me hubieran dicho: "Nadia, tendrás tres hijos, dos de ellos nacerán casi ciegos y los llevarás al menos 25 veces al quirófano a cada uno. El niño de en medio se enfermará, viajarás con él en un avión ambulancia y vivirás casi dos meses en un hospital. Luego a tu mamá le dará cáncer, la cuidarás y morirá muy rápido".

Ciertamente todo eso lo viví y si me lo hubieran dicho antes me habría vuelto loca. Por eso, la vida nos va sabiamente preparando poco a poco para los retos que debemos enfrentar, y, aunque nunca estamos 100 por ciento listos, hay un momento para cada acontecimiento. No se necesita toda la información de una sola vez.

No te adelantes a nada, no te preocupes por el mañana, no te atormentes por cómo o cuándo van a ocurrir las cosas, ya que tal vez no estás listo para saberlo. La Biblia dice que cada día tiene su propio afán y esto es justamente una invitación a vivir en el ahora.

La sabiduría de la incertidumbre es aprender a vivir con ella, sabiendo que todo cae en su propio tiempo y que debemos soltar la necesidad de tenerlo todo bajo control. Aunque sacudas el reloj de arena con todas tus fuerzas, cada grano caerá a su tiempo. Lo incierto y desconocido es una oportunidad de desapegarnos de ideas de cómo y en qué momento tienen que ocurrir las cosas. Una vez que aprendemos a soltar la ansiedad de la necesidad de certeza, damos campo a que las situaciones se acomoden más fácilmente.

Cuando mi hijo Jacob, a sus ocho meses, permanecía indefinidamente en el hospital, los médicos no tenían claro el diagnóstico pese a que le realizaban muchísimos exámenes. A mí me mataba la incertidumbre de no entender lo que tenía, además de la necesidad de saber cuándo regresaríamos a casa. Los días pasaban y nadie tenía las respuestas.

Cada vez que me desesperaba por tener información, la situación se tornaba más tensa. Hasta que un día mi esposo y yo hicimos una oración de rodillas en el hospital y decidimos soltar toda necesidad desesperada de que la situación se resolviera. Ese día literalmente sentí que me quitaron dos piedras de mis hombros y empecé a vivir la situación enfocándome en un día a la vez.

El peso fue más liviano y todo se empezó a acomodar. Días después le dieron de alta a Jacob. Esta experiencia me reconfirmó que cuando resistimos y tratamos de forzar una situación, más bien podríamos frenar su avance. En cambio, cuando nos relajamos y soltamos con confianza, el universo acomoda todo más fácilmente.

A veces la información que recibimos puede crearnos aún más incertidumbre. En algunas ocasiones será mejor no saber mucho.

Cuando diagnosticaron a mi primer hijo con cataratas, me dijeron que probablemente no iba a poder leer y escribir, tampoco andar en bicicleta y que además iba a necesitar una escuela especial. Recuerdo mortificarme día y noche por todas estas preocupaciones pensando a cuál escuela podría asistir y qué haría con un niño que no podría leer. Hasta el día en que me cansé y decidí soltar ese pronóstico.

El tiempo pasó y mis hijos aprendieron a leer y escribir en inglés y en español, a andar en bicicleta e ingresaron en una escuela regular como todos los niños. Nada de lo que me habían dicho ocurrió. El 90 por ciento de las preocupaciones que llevamos en nuestra cabeza no ocurren. Nunca tomes un diagnóstico al pie de la letra.

Para vivir libremente es importante tomar solo aquello que nos sea útil; todo aquello que te martiriza no le des peso, ya que de lo contrario lo atraes. Si nos volvemos dóciles a la incertidumbre podremos sacarle provecho. Lo más importante siempre es soltar el control que no tenemos y procurar vivir un momento a la vez.

La importancia de dar lo mejor desvinculándose del resultado

Hablar de desapego es hablar de soltar expectativas o resultados ante lo que hacemos. Esta actitud nos enseña a ser excelentes, a siempre dar nuestro mejor esfuerzo y luego soltar lo que tenga que venir. Por ejemplo, si estamos buscando empleo damos nuestro 100 por ciento en esa búsqueda y proceso de aplicación, sin apegarnos a un puesto u otro. A veces nos tocará esperar un poco más para que el empleo oportuno llegue a nuestra vida.

Estar apegados a una forma de resultado específico puede llevarnos a la frustración e inclusive a la decepción. En todo caso es mejor esforzarnos y dejarnos sorprender por la vida, pues el resultado que esperamos puede ser incluso mejor o diferente a lo que hemos imaginado.

Cuando cumplí 23 años decidí aplicar a un programa de maestría y beca en España. Necesitaba ganar la beca para poder irme. Me entregué a esta causa de manera casi compulsiva trabajando por ello día y noche. En ese momento de mi vida, en mi mente no cabía la idea de un fracaso. Sin embargo, mi proyecto ese año no resultó. No recibí la beca que anhelaba, me decepcioné y entré en un estado de tristeza y desánimo. Nunca dejé abierta la posibilidad a creer que la vida más adelante podía darme una mejor opción.

Un año después ya tenía más experiencia laboral acumulada y mis anhelos habían cambiado. Esta vez deseaba irme a realizar mi maestría a Holanda. La oportunidad era mejor en todos los sentidos y además podría tener un título en inglés. En esta ocasión había cambiado algo en mí, decidí aplicar y dar lo mejor sin ningún apego al resultado. Me dije a mí misma que si no ganaba la beca todo estaría bien y más adelante haría un tercer intento.

Así empecé con mucho esmero mi proceso de aplicación, pero con una actitud desapegada al resultado. Recuerdo haber aplicado a cinco programas de becas ampliando mis posibilidades a ver si quizás lograba alguna. Mi sorpresa llegó meses después, cuando se me notificó que había ganado una beca. Semanas más tarde me llamaron de otro programa para notificarme que también había sido elegida y así sucesivamente fui recibiendo llamadas de todos los programas.

Al final, ¡gané las cinco becas para estudiar mi maestría! El universo me sorprendió muchísimo, no había duda que ese era el lugar y el momento perfecto. Aprendí que cuando soltamos el control y abandonamos, abrimos campo para que la obra se lleve a cabo. Cuando presionas y controlas metiendo tus manos, dificultas el proceso.

También las expectativas que ponemos en otras personas pueden llevarnos a la decepción. Esperar que alguien diga o haga algo por nosotros es un riesgo, sobre todo cuando la otra persona ni siquiera lo sabe; podemos caer en la trampa de creer que el otro sabe lo que deseo o necesito.

Recreamos en nuestra mente una película de cómo deseamos que sean las cosas, al punto de que cuando no ocurren nos desilusionamos. En todo caso, es mejor no esperar nada para que lo que llegue nos sorprenda. Esta visión de las relaciones interpersonales hace que liberemos al otro y nos liberemos a nosotros mismos. Así, construimos relaciones más conscientes, libres y emocionalmente desapegadas.

Si esperas algo de alguien, lo mejor es ser explícito con esa persona en cuanto a lo que deseas; asegurarte que esa persona ha comprendido bien lo que esperas. No obstante, vivir sin expectativas o resultados predefinidos con respecto a los otros, nos proporciona mayor libertad y capacidad de asombro frente a los demás.

Desapego de ideas y patrones preestablecidos

A medida que crecemos y nuestros padres, maestros y referentes van educándonos y "domesticando" nuestras ideas, vamos creando patrones encasillados y bien establecidos. Nos hacen creer que hay formas correctas e incorrectas, entrando a un mundo dual que divide, separa y puede llevarnos al sufrimiento cuando no encajamos en esas ideas.

La sociedad en general tiene una idea "clara" del "éxito en la vida". Y va más o menos de esta manera: "estudias mucho, consigues un empleo, te casas, te estableces bien con tu pareja, luego los hijos…". Pero, ¿qué pasa cuando una persona no entra en este molde? De pronto no deseas pasar por la universidad como decidieron algunos estadounidenses profesionalmente exitosos, o quizás decides no casarte, o sí, pero sin hijos. Todas estas ideas encasilladas pueden llevarnos al juicio y a la crítica respecto del estilo de vida que otros eligen. Y creemos tener la razón, la fórmula correcta de vivir o de alcanzar la realización humana.

Las ideas de cómo deben ser las cosas pueden llevarnos a sentirnos inseguros y fracasados. Este es el caso de dos clientas que en su momento me compartieron inquietas lo que sus hijos —a punto de graduarse del colegio— querían hacer con sus vidas. A una de ellas le inquietaba la idea de que su hijo fuera músico y a la otra le preocupaba que fuera sacerdote. Ambos oficios o vocaciones son poco comunes y se cree que no siempre conducen al llamado "éxito profesional".

Es necesario que los padres dejen que sus hijos vivan su propia historia y vocación, que abracen sus sueños, dando inclusive lugar al fracaso, pues solamente de esa forma aprenderán a superarse.

Recuerdo que cuando estaba a punto de salir del bachillerato, le dije a mi madre que quería estudiar psicología. En ese momento ella me dijo que mejor eligiera otra carrera ya que moriría de hambre. Sé que su intención como madre fue la mejor, pero yo tomé mis anhelos y los enterré. Años después la vida me trajo por este camino del desarrollo personal a través del *coaching* y pude rescatar mi vocación para servir a los demás. Al final, de una u otra forma el espíritu de la persona termina haciendo lo que siempre anheló.

Existen también otras formas en que nos apegamos a ideas y conceptos que llegamos a tomar como verdad. Estos estereotipos nos llevan al juicio. En mi caso, producto de la desinformación, he sido objeto de serias críticas debido a la práctica del yoga.

En los últimos 20 años de mi vida he sido católica contemplativa e instructora de yoga, una experiencia que junto a mi participación e inclusive dirigencia en grupos católicos, ha sido un complemento para mi crecimiento integral. En todos estos años he visto desde ambas perspectivas grandes manifestaciones a través de milagros recibidos en mi familia. Sin embargo, algunas personas me han rechazado y negado oportunidades laborales y sociales por el hecho de practicar yoga.

En Occidente el yoga sigue siendo un tema desconocido por la mayoría. Algunos artículos advierten los peligros del yoga para los cristianos, calificando a las personas que lo practicamos como "ocultistas" y "diabólicas". No obstante, yo nunca he visto la oscuridad o al diablo en mi vida ni en la de mis colegas y alumnos, sino todo lo contrario.

Durante estos años como instructora he leído la información que desacredita esta práctica milenaria para comprender la otra cara de la moneda. La información viene distorsionada con enunciados alejados de la realidad. Afortunadamente, varios sacerdotes amigos y guías espirituales de diferentes órdenes me han apoyado en mi práctica. He encontrado en mi iglesia, a través de ellos, amor y acogida. Me siento orgullosa de ser parte de la iglesia católica y al mismo tiempo poder servir a otras personas a través de mis clases.

El juicio a la práctica del yoga tiene un trasfondo profundo, ya que no solo se juzga al yoga sino a todo lo diferente y desconocido, a cualquier otra religión, filosofía o estilo de vida. Juzgamos fácilmente cuando estamos apegados a ideas y conceptos que nos hacen marcar una distancia con relación al otro. Podríamos preguntarnos: ¿a qué se debe que yo vea las cosas de esta forma?, ¿podría darme la oportunidad de verlas de otra manera?, ¿podría ponerme al otro lado de la moneda?, ¿cuáles son mis juicios y mis prejuicios?

La humanidad necesita integrar la idea de unión en tanto somos uno, un solo cuerpo. El día que podamos trascender estas ideas, respetar y entender que Dios está en todo y en todos, podremos empezar a ser uno, uno con Dios y Él con nosotros.

Resumen de las prácticas para vivir con desapego

1. **Resiliencia: la vida siempre trae más de lo que se lleva**

- Desarrolla tu capacidad de resiliencia ante las adversidades que vivas. Reflexiona y responde:

  - ¿Para qué me sirve lo que vivo?

  - ¿Cuáles son las lecciones y aprendizajes?

  - ¿De qué me siento agradecido a pesar de todo?

  - ¿Cómo me he reinventado?

  - ¿Quién era antes de esta situación y quién soy ahora?

- Cuando tengas pérdidas de cualquier naturaleza, pregúntate: ¿qué ganancias me ha producido esta pérdida?

2. **La sabiduría de la incertidumbre**

- Trabaja la incertidumbre de la forma que mejor te resulte:

  - Dándole poca energía o peso mental.

  - Viéndola como parte del suspenso de la vida.

  - Valorándola como una oportunidad para vivir con desapego.

  - Convirtiéndola en una certidumbre afirmando lo que deseas.

- Observa si existe en tu interior una tendencia a querer controlarlo todo o necesitar saber el futuro.

- Practica el vivir un día a la vez, dándole sentido, emoción e intención a cada día. ¿Cuál será tu intención de hoy?, ¿cómo podrías hacer este día más emocionante?

3. **La importancia de dar lo mejor desvinculándose del resultado**

- Analiza cuánto apego y expectativas tienes a los resultados de aquello que haces, y cuánto a las personas con quienes te relacionas.

- Practica el soltar las expectativas para dejarte sorprender por lo que la vida quiera regalarte.

4. **Desapego de ideas y patrones preestablecidos**

- Examina qué ideas o juicios fuertes tienes y pregúntate:

  - ¿A qué se debe que yo vea las cosas de esta forma?

  - ¿Podría darme la oportunidad de verlo de otra manera?

  - ¿Cómo se sentirá el otro?

  - ¿Qué necesito soltar?

Capítulo III:
Cultivando siempre la gratitud

La gratitud llena todo sentido de carencia...

Agradece la prosperidad y la dificultad

El ser humano se muestra más agradecido cuando está satisfecho. Agradecemos la salud, el trabajo, el dinero, las experiencias gratas... Nuestro concepto de bienestar está relacionado con el placer, el éxito y el cumplimiento de nuestras expectativas tal cual las esperábamos. Estas experiencias hacen que la gratitud surja con más fuerza por lo que hay.

Cuando estamos en estado de escasez, enfermedad o dolor la gratitud cuesta más. Obviamos que la dificultad es también útil y necesaria, que todo es un regalo y que por tanto el agradecimiento es oportuno aun cuando estamos incómodos. Sin la escasez no valoraríamos la abundancia; sin la enfermedad no valoraríamos la salud y sin las pérdidas no valoraríamos las ganancias. A veces es necesario atravesar en la vida el umbral del dolor emocional para crecer. Por tanto, los desafíos que se nos presentan son una oportunidad y requieren nuestra valoración y gratitud.

Asimismo, creemos saber lo que necesitamos y lo que necesitan otros. Creemos tener certeza de aquello que nos conviene y cuando nos conviene y, peor aún, creemos que lo que uno mismo necesita también es lo que el otro necesita. Por eso cuando pedimos algo a Dios o al universo hay tres posibles respuestas:

- Sí te lo daré.

- No es el momento.

- Tengo algo mejor.

En una etapa de mi vida no recibí lo que pedí. La respuesta de Dios en ese momento fue: "tengo algo mejor". Así entendí que todo lo que pedimos no necesariamente es lo que recibiremos ni lo que necesitamos. Lo que hemos pedido puede manifestarse de otra forma.

Cuando nació mi primer hijo, Julio, prácticamente ciego, la noticia fue muy dura y el pronóstico que nos dieron poco alentador. Los médicos no podían explicar el porqué de su condición. No obstante, lo atribuyeron a un caso excepcional que no se repetiría en el resto de nuestros hijos. Al recibir a nuestro segundo hijo, Jacob, la sorpresa fue aún mayor al encontrar que había nacido igual que su hermano; eso nos conmocionó, pero desde el comienzo lo aceptamos con paz y confianza.

Al llegar a este punto nos dimos cuenta que en realidad algo no estaba normal genéticamente y los estudios iniciaron revelando que había un gen que afectaría los ojos de nuestros hijos varones, pero no así de nuestras hijas mujeres.

Como matrimonio siempre quisimos tener tres hijos y ese anhelo se mantuvo aun cuando conocíamos las posibilidades genéticas de un tercer hijo varón. Nos abrimos a la vida sin temor, a pesar de cómo viniera nuestro tercer bebé. Nosotros pedimos mucho una niña, porque ya teníamos dos varones y además no queríamos volver a vivir la historia de las cataratas. Cuando nos dimos cuenta que estaba embarazada, mi esposo y yo decidimos guardar la noticia hasta conocer el sexo del bebé. Confiábamos en que tendríamos una niña y dar la noticia de esta manera sería un alivio para nuestras familias y amigos.

Al llegar a mi semana 16 de gestación, nos enteramos que se trataba de otro varón. Cuando escuché a mi médico mencionar el sexo del bebé sentí que no sabía nada, pero en mis adentros tuve tranquilidad y me dije: "Dios mío no entiendo nuevamente, pero por algo es así". Decidí vivir el embarazo plenamente sin pensar ni preocuparme cómo nacería.

Recuerdo que una tarde recibimos una llamada del Departamento de Genética de la Universidad de Miami y nos dijeron: "tenemos disponible el examen en útero para saber si él bebé que esperan vendrá o no con el gen de cataratas, y así puedan decidir si interrumpirán o no el embarazo". Nosotros decidimos no hacer el examen y esperar saberlo hasta que el niño naciera. Las palabras "interrumpir el embarazo" me provocaba pensar que eso era como quitarle la vida también a los dos tesoros más grandes que ya teníamos: Julio y Jacob.

La fecha probable de parto de nuestro tercer hijo, Joaquín, era el 17 de mayo (40 semanas). Julio y Jacob habían nacido por parto natural de 36 y 37 semanas respectivamente. Llegar a la semana 40 siendo mi tercer hijo y con la actividad física (yoga) a la que me dedico, era, según los doctores, muy poco probable.

Durante mi embarazo yo le había pedido a la Virgen de Fátima que Joaquín naciera sin cataratas el 13 de mayo, que era su día (casi de 40 semanas). Ambos pedidos, tanto las cataratas como la fecha de parto, eran poco probables y de concretarse serían como un milagro del Cielo. Si eso sucedía, yo le ofrecí a cambio dar este testimonio y hacerle una gruta en el jardín de nuestra casa para recordar todos los días la maravilla que había hecho en nuestra familia.

Recuerdo que el día de nuestro quinto aniversario de bodas ocurrió algo que nunca me había pasado: mi panza estaba llena de escarchas. No había escarchas en ninguna otra parte de mi cuerpo. Las escarchas simbolizan la presencia de María, por lo que esto me hizo sentir que algo especial iba a ocurrir.

El doctor me había dicho que el parto sería temprano, como los dos anteriores, y que llegar a las 38-40 semanas era muy poco probable. Cuando llegué a mi semana 35 de embarazo estaba cansada y sentía que el niño estaba próximo a nacer; tenía contracciones y mucha presión en el útero.

Un día, mientras arreglaba la habitación de Joaquín, pensé con tristeza que jamás llegaría al 13 de mayo y que por tanto el milagro no vendría. En ese mismo instante, sentí que alguien me miraba con mucha determinación, era como una sombra observándome. Esa presencia era tan fuerte que me asusté, me volteé y vi una imagen de la Virgen de Cuapa que habíamos puesto en una de las paredes del cuarto del bebé.

Cuando vi a la Virgen sentí que me decía, no de forma audible, pero sí a mi mente: "tu hijo nacerá en mi día y vendrá sano de sus ojos". En ese momento corrí donde mi esposo muy impresionada y le dije: "me acaba de pasar esto y esto…". Nos dimos cuenta entonces que Joaquín podía nacer el 8 de mayo, día de la Virgen de Cuapa, en lugar del 13 de mayo, día de la Virgen de Fátima. Después de esto no le conté a nadie más lo que pasó, ya que me quedaba la duda si había recibido bien o no el mensaje, o si era producto de mi imaginación.

Los días pasaban y nada sucedía, todo iba indicando que el mensaje que había recibido de la Virgen era verdadero. El miércoles 7 de mayo le pedí a Julio que nos durmiéramos temprano, ya que presentía que mi labor iba a iniciar de madrugada, así que dejamos todo listo.

A la 1:40 de la madrugada del 8 de mayo me despertó la primera contracción. Sabía que todo había iniciado. Las contracciones venían cada vez más rápido y fuertes. A las 4:30 de la mañana y por indicación del doctor ingresé al hospital y me trasladaron a maternidad y después a sala de partos. A las 6:40 de la mañana del mismo 8 de mayo, día de la Virgen de Cuapa, Joaquín nació de casi 39 semanas con los ojos cristalinos. ¡La promesa estaba completamente cumplida en tiempo y forma!

La presencia de Joaquín en nuestro hogar es una bendición. Doy gracias a Dios porque fue perfecto regalarnos otro varón. Joaquín complementa a sus hermanos de muchas maneras. Reclama no haber nacido con cataratas como ellos. Expresa que quiere tener anteojos como sus hermanos, usar gotas, parches y ser revisado por un oftalmólogo. Siente que sus hermanos mayores son *cool*.

La Virgen María se manifestó grande en nuestra familia. Nunca he sido una persona devota o rezadora. Por eso siempre digo que cuando Dios quiere hacer un milagro simplemente lo hace y así igualmente lo hace con todos.

En 1980 en Nicaragua se dio la primera aparición de la Virgen en el pueblito de Cuapa, Chontales. Actualmente miles de peregrinos visitan este santuario y reciben muchos favores como el que nosotros recibimos. A raíz de lo ocurrido en nuestra familia, construimos la gruta en el jardín que habíamos prometido. Además, me he ocupado de difundir este testimonio en mis conferencias y en diferentes medios escritos.

Como mencioné anteriormente, pedí una niña y no la recibí. ¡Recibí un milagro! No siempre sabemos lo que nos conviene, por eso es importante estar abiertos al regalo. Siempre llega lo que tiene que llegar y aunque inicialmente no entendamos, siempre será una bendición.

No dejes de agradecer y darle sentido a todo lo que llegue a tu vida, se manifieste como se manifieste. Podrías tomar aquellas situaciones que consideras más difíciles y acompañarlas de una lista de razones por las cuales agradeces esa dificultad. Pregúntate siempre: ¿qué has ganado a pesar de todo?, ¿qué has aprendido?, ¿qué podrías agradecer de los momentos difíciles?

La gratitud deber ser una práctica siempre, independientemente de lo que tengamos. Si hay escasez, dolor o incertidumbre agradece. Si hay abundancia, plenitud y seguridad agradece. Si todo es incierto o dudoso agradece porque quizás lo mejor está por llegar a tu vida. Cuando desees algo, en lugar de pedirlo da gracias porque ya viene en camino.

Agradécele a todos

La gratitud es una emoción y una actitud ganar-ganar. Tanto quien agradece como quien recibe el agradecimiento se sienten muy bien. El agradecimiento crea un círculo virtuoso, pues cada vez que agradecemos a alguien lo estamos motivando a dar aún más. Cuando a alguien se le halaga y felicita por lo que ha cocinado, la próxima vez tomará este agradecimiento y lo impulsará a seguir cocinando aún mejor.

En Estados Unidos se llevó a cabo un ensayo en una joyería. Se tomó un grupo de clientes que habían comprado joyas y se dividió en dos. A un primer grupo después de su visita se les envió una nota con un pequeño regalo, agradeciendo su compra y fidelidad. A un segundo grupo no se le envió absolutamente nada. El resultado fue sorprendente: del grupo 1, más del 85 por ciento de las personas a quienes se les envió una nota de gratitud regresaron a comprar. Del grupo 2, menos del 20 por ciento volvieron a la joyería. Como siempre, los pequeños detalles tienen mucho impacto. Cuando agradeces también motivas, recibes y fortaleces el flujo de dar y recibir.

Agradece siempre que puedas con gestos, detalles o palabras. Cada vez que llegues a una casa donde has sido invitado, podrías tener la costumbre de llevar un pequeño detalle. También acostumbra a agradecerles a tus hijos, familiares y equipos de trabajo por todo lo que te han dado.

En el mundo empresarial se ha demostrado que el agradecimiento y reconocimiento social es una práctica poderosa y alentadora. Se puede promover por ejemplo al "colaborador del mes" como una forma de agradecer el buen desempeño laboral. Este tipo de agradecimientos es aún más efectivo que el reconocimiento monetario a través de un bono. Mañana los colaboradores podrán olvidar el valor del bono que les dieron, pero no el momento del reconocimiento social.

En mi familia, una práctica de gratitud que hemos implementado todos es agradecer en voz alta a cada momento. Por ejemplo, si estamos todos juntos disfrutando algo decimos: "gracias Señor por esto que estamos viviendo". La práctica se ha vuelto un hábito hasta el punto de que fluye ya natural entre todos (niños y adultos).

Un valioso ejercicio es pensar cómo podemos agradecer a todos aquellos que han hecho algo por nosotros: abuelos, padres, maestros, mentores, guías, terapeutas, amigos. Podemos buscar maneras creativas de hacerlo a través de una carta, un regalo, una experiencia. Este tipo de gratitud no siempre la expresamos y es necesario hacerla en vida, ya que muchas veces cuando la persona ya no está puede quedar el vacío o sentido de culpa por no haberlo expresado.

El enfoque en lo que tengo y no en lo que me falta

A menudo invertimos energía en ver lo que no tenemos: añoramos la casa que no existe, el carro que quisiéramos, el modelo de celular más sofisticado, el trabajo o los ingresos con los que no contamos. Nos parece que siempre falta algo, porque nos enfocamos en la carencia. Podemos incluso caer en la comparación y ver hacia fuera, lo que tiene el vecino, mi amigo o mi competencia. Ese estado de insuficiencia y comparación nos lleva a la desdicha y a sentir que tenemos poco.

Cuando nos enfocamos en lo que sí hay y en lo que hemos logrado, tenemos una sensación de abundancia; podemos apreciar la salud, el hogar, el trabajo, las experiencias que estamos teniendo. Para poder valorar lo que está disponible es necesario soltar la forma física, saber que muchas veces lo que ganamos no es tangible o físicamente medible. Puedo tener, por ejemplo, un empleo en donde la remuneración no necesariamente satisfaga todas mis comodidades, pero sí me dé muchas retribuciones emocionales.

La sensación de sentir que nos falta más y más obedece a un vacío insatisfecho del pasado, quizás una carencia afectiva en nuestra infancia o adolescencia. Cuando esos vacíos están latentes, siempre vamos a sentir que nada es suficiente y cuando tengamos lo que queríamos va a surgir una nueva necesidad. En este sentido, es importante trabajar quizás con un profesional el sentido de carencia, explorando el origen del mismo.

Muchos ricos y famosos se sienten desdichados. Han caído en adicciones e inclusive suicidios aun cuando tienen fama, dinero y éxito. Este es uno de los mejores ejemplos de que el tener no necesariamente nos llevará a sentirnos satisfechos en la vida, y que nuestras carencias no resueltas siempre nos llevarán por el camino de la insaciabilidad.

Practica la gratitud durante todo el día. Desde que te levantas, desayunas y te bañas vas agradeciendo por esa cama, ese plato de comida, el agua de la ducha, etc. El sentido de gratitud constante nos mantiene la mirada en lo que sí tenemos, dándonos cuenta de que es mucho. Al sentir que somos bendecidos y tenemos bastante, nos dará un sentido de abundancia y satisfacción atrayendo de esta forma lo mismo a nuestra vida.

De igual manera, cuanto más agradecidos somos, más sentimos que tenemos. Esta sensación de tener mucho no solo nos hace sentir emocionalmente plenos, sino que también nos impulsa a compartir con los demás lo que tenemos.

Es necesario prestar atención a nuestros patrones de pensamiento. Observar si nuestra mente está enfocada en la escasez de lo que no tenemos o en la abundancia de lo que nos rodea. Esta percepción que llegamos a creer como real influirá en nuestro estado anímico y emocional, y en nuestra relación con nosotros mismos y con el entorno.

Capacidad de asombro y mente de principiante

Una mañana, cuando mi hijo Joaquín tenía tres años me llamó gritando: "¡mamaaaaaá, mamaaaaaaá…!" Pensé que le había pasado algo. Llegué donde él estaba y lo encontré junto a la ventana de la casa viendo hacia la calle con gran entusiasmo, como quien ha descubierto algo maravilloso. Me dijo: "¡mamaaaaá, el camión de la *bashula*, miralo, miralo!". Se trataba efectivamente del camión de la basura que pasaba por el vecindario. Para él era un acontecimiento fascinante: tres trabajadores iban en la parte trasera del camión, dos de ellos bajaban a recoger las bolsas y el otro se quedaba supervisando que la basura entrara en el procesador. Adelante iba el conductor. Joaquín siempre esperaba ver al camión desde la ventana.

Ese día mi hijo me dio una gran lección, entendí que los adultos vamos perdiendo la capacidad de asombro en la vida. Mientras los niños están igualmente despiertos y atentos tanto a lo simple como a lo grande y extraordinario, para los adultos es ordinario un arcoíris, un amanecer, una puesta del sol. Vamos perdiendo sensibilidad y asombro, llevamos la vida deprisa, con afán y preocupación. Nos perdemos de vivir el ahora, de prestar atención a los detalles maravillosos que nos rodean. Nos perdemos de muchísima información porque estamos automatizados y programados para lo mismo.

La capacidad de asombro es necesaria para despertar la gratitud. Con ella podemos apreciar los acontecimientos más habituales pero sorprendentes de la vida, dándoles mayor sentido. Darnos cuenta de que todo es un milagro: el funcionamiento del cuerpo humano, un nacimiento, la naturaleza, el reino animal y vegetal, todo es un prodigio. El espacio y el universo son también un espectáculo, cada fenómeno natural representa un maravilloso acontecimiento aun cuando algunos causen estragos.

El asombro se desarrolla con la atención plena y la contemplación, con una vida más alerta, atenta y despierta. Podrías pasar diez años por la misma calle y nunca haber notado un precioso árbol. Caminamos, hablamos y visitamos lugares sin verdaderamente estar en ellos. Estamos distraídos y dormidos sin percibir el 100 por ciento de lo que nos rodea. Convivimos bajo un mismo techo con otros, sin percibir cómo pueden sentirse.

La invitación es a ir más lento. A observar más, reaccionar menos y tratar de sentir más intensamente nuestro entorno. Esta es la experiencia del *Mindfulness* o la Atención Plena. Prestar atención al momento presente. Para ello utilizamos todos los sentidos físicos: vista, oído, olfato, tacto y gusto. La presencia plena es un acto sensorial en donde prestamos atención a las sensaciones. Por ejemplo: observar la lluvia, ver las gotas caer o percibir el olor a la tierra mojada. Sentir la brisa y frescor de la lluvia es en sí una experiencia de atención plena que puede ser maravillosa y llenarnos de gratitud.

La gratitud también se favorece bastante con una mente de principiante. Esto significa que siempre estamos dispuestos a aprender, y aun cuando hay cosas que ya las hemos experimentado, estamos abiertos a volver a vivirlas. El que se abre a todo sabe que siempre habrá una nueva forma de percibir las mismas experiencias y aprender de ellas, tal es el caso cuando leemos un libro o vemos una película repetidas veces. Siempre habrá una nueva forma de ver e interpretar las cosas.

El que cultiva una mente de principiante siempre está abierto y siente que no sabe nada, entonces se deja seducir por el conocimiento y encuentra una oportunidad de aprender en todo.

Cuando el espíritu despierta, se empieza a experimentar cada vez más que no se sabe nada. Paradójicamente, cuanto más se crece espiritualmente, más pequeño en conocimiento y experiencias se siente uno. Como dijo el filósofo Sócrates, la persona sabia y sencilla está consciente de que no sabe nada y comprende que el misterio de Dios y del ser humano es inmenso.

Esta sensación metafórica de pequeñez abre todos los sentidos físicos y espirituales a la novedad y por tanto a la gratitud. Empezamos a percibir con más frecuencia los acontecimientos ordinarios de la vida con un alto sentido de agradecimiento. Se empieza a disfrutar más de las cosas sencillas.

Como dijo Jesús, es necesario ser como niños. La naturaleza del niño es el asombro, el descubrimiento, la búsqueda, la exploración, la aventura, el cuestionamiento.

Estas facultades espirituales que dan brillo a la vida despiertan el sentido de gratitud. Lamentablemente, el ser humano empieza a perder estas cualidades en el trascurso de la vida si no las cultiva.

Resumen de las prácticas para cultivar la gratitud

1. Agradece la prosperidad y la dificultad

- Dado que es mucho más fácil ser agradecido cuando todo sale como se ha deseado, el reto será desarrollar la gratitud en momentos difíciles. Identifica esos momentos y haz una lista de razones por las cuales agradeces.

  · ¿Qué has ganado a pesar de todo?

  · ¿Qué has aprendido?

  · ¿Qué podrías agradecer de esos momentos difíciles?

2. Agradécele a todos

- Piensa formas creativas de cómo podrías agradecerle en vida a todas aquellas personas que han hecho algo por tu formación, crecimiento y bienestar.

  · ¿Quiénes son ellos? ¿Qué detalles podrías tener con ellos?

3. El enfoque en lo que tengo y no en lo que me falta

- Observa dónde están más enfocados tus pensamientos: en lo que tienes (abundancia) o en lo que te hace falta (escasez).

- Procura ir agradeciendo momento a momento todas aquellas experiencias que van ocurriendo en el transcurso de tu día.

4. La capacidad de asombro y mente de principiante

- Procura ir más lento por la vida y observar con más atención tu entorno, todo lo que hay y ocurre. También trata de percibir cómo están otros.

- Practica tener una mente vacía, dispuesta siempre a aprender. Aunque ya hayas leído un libro, tomado un curso o visto una película, no te resistas a volver a hacerlo, ya que siempre habrá algo nuevo que aprender.

Capítulo IV:
Nutriendo tus relaciones

Nuestras relaciones crecen y se consolidan en la medida en que nosotros también crecemos.

Equilibrar el dar y recibir en tus relaciones

Tenemos la idea de que hay que dar a los demás hasta el cansancio, hasta el desgaste o sacrificio. Este planteamiento está apegado al ego, que quiere hacerte sentir como un héroe por lo que has dado, pero ¿a qué precio? Se nos ha enseñado a dar y a ponernos en último lugar, pero se nos enseña poco que también hay que recibir y que este balance es necesario en las relaciones humanas.

Cuando en una relación ambas partes comparten y ceden, surge el equilibrio y por tanto la sostenibilidad de la misma. Cuando solo uno lo hace, tarde o temprano la relación se deteriora provocando distanciamiento o el fin de esta.

El intercambio es siempre importante. Las cosas gratis no resultan, ya que lo que no cuesta no se valora. Una práctica que he tenido en mi vida profesional es que cuando fundaciones o asociaciones me piden conferencias gratis por falta de recursos económicos, accedo a ellas siempre que exista un intercambio. Vale aclarar que el intercambio no necesariamente es monetario; la remuneración puede ser con especies, experiencias o promoción de mi trabajo. Lo importante es que la energía de dar y recibir fluya de ambas partes para que ese círculo virtuoso ganar-ganar permita que la abundancia se manifieste en este intercambio.

Por otro lado, existen personas que regalan su trabajo o cobran muy poco. Donar servicios de vez en cuando está bien; sin embargo, el poco valor monetario que le ponemos a nuestro tiempo, esfuerzo y conocimiento tiene mucho que ver con nuestra autoestima. Cuando subvaloramos nuestro trabajo estamos emanando desde la inseguridad o la carencia: "¿y si no lo compran?", "¿y si no me contratan?", "¿y si mi competencia cobra menos y pierdo la oportunidad?" Estas ideas nos alejan de la abundancia y por tanto dejamos de atraerla.

Debemos ser conscientes de que nuestra relación con el dinero tiene mucho que ver con la relación que tenemos con nuestro propio ser. Es importante poner el valor que se merece a cada asunto y valorarnos a nosotros mismos para que otros lo hagan.

Siempre que estamos dando también estamos recibiendo. El dar y el recibir se convierten en lo mismo, ya que recibimos justamente lo que damos. Si no te gusta lo que llega a tu vida, es necesario ver lo que das. Hay personas que se sienten desdichadas y vale la pena pensar qué han sembrado y cómo han abonado la siembra. De ese trabajo dependen los frutos.

Todo lo que damos también regresa a nosotros, pero no necesariamente de la misma forma. Puede ser que yo done dinero a una causa y de regreso reciba salud y gozo; a como puede ser que done mi tiempo y trabajo a personas de escasos recursos y reciba más proyectos o contrataciones. De igual manera, cuando doy juicio, crítica o intolerancia recibo lo mismo de otros.

Vale la pena hacer una reflexión y revisar en este tema cómo estamos llevando nuestras relaciones laborales, de pareja, con los hijos, familiares y amigos; cuál es el patrón que nos mueve y caracteriza. En nuestras relaciones, ¿somos dadores o receptores?, ¿existe un equilibrio entre lo que doy y recibo? Y si no, ¿a qué se debe?, ¿me siento merecedor? Y si no, ¿desde cuándo me siento así? Esta introspección puede llevarnos a descubrir cuánto valor tenemos sobre nosotros mismos.

Si siempre estás dando mucho sin recibir nada a cambio, un día te cansarás y dejarás de hacerlo. Es necesario aprender a pedir cuando no estamos recibiendo: pedir dinero, tiempo, atención, afecto, comprensión. Nadie nos enseña esta difícil tarea, pero quienes poseen esta habilidad pueden sostener relaciones más sanas, sólidas y duraderas.

Otro asunto importante en el dar y el recibir, es darnos a nosotros mismos en primer lugar. Algunas personas tienden a ponerse en el último lugar y esto hace que vayamos por la vida ocupándonos de las necesidades de otros, pero no de nosotros mismos. Nuestra atención se va hacia afuera viendo cómo está el mundo, pero poco nos ocupamos de ver cómo está nuestro mundo interior.

La verdad es que si yo no estoy bien no podré hacer el bien. Si estoy vacío no tengo nada que ofrecer. Damos lo que llevamos dentro. Es un proceso de adentro hacia afuera. Y como dice la Biblia, la boca habla lo que tiene el corazón. El bienestar empieza con uno.

Esta reflexión es importante para todos los seres humanos, en especial para los padres de familia. El mejor regalo que podemos darle a nuestros hijos es nuestro propio bienestar. Sabemos que si los padres están bien, los hijos también lo estarán. De hecho, diversos estudios revelan que los hijos comparten el mismo campo emocional que su madre hasta los 14 años de edad. Por lo tanto, si queremos saber cómo están los padres veamos a los hijos y viceversa.

Darnos a nosotros mismos es un acto de amor. El amor inicia en nosotros. Cuando somos capaces de amarnos, valorarnos, comprendernos, perdonarnos será más fácil también hacerlo con los demás. El amor sacrificado que te pone de último viene del ego, no del amor. Ese amor no es sostenible ni para uno mismo ni para las relaciones con los demás.

Algunas prácticas útiles para darte el lugar que te corresponde y fomentar el amor propio son:

- Date los gustos que mereces. No te reprimas, date lo que les darías a otros.

- Experimenta tiempo a solas. Necesitas calma y quietud para disfrutarte.

- Aprende a decir no. No te comprometas con aquello que no puedes. Tu "sí" no puede ser una renuncia a tu "yo".

- Cuida tu cuerpo, observa y trabaja en tus pensamientos, gestiona tus emociones, alimenta tu espíritu, nutre tu vida de hábitos saludables.

- Encuentra algo que ames hacer, lo sabrás porque sentirás paz y gozo. Ese tiempo sagrado es tuyo.

- Busca ayuda de mentores o guías cuando la necesites. Un acto de amor propio es atenderse a uno mismo.

- Valora cada logro que alcanzas. Siempre háblate amablemente, reconócete y celebra los pasos que vas dando.

Necesitamos ser nuestro primer amor, el más importante, enamorarnos de nuestra esencia, para elevar nuestra autoestima. Cuando aprendemos a disfrutarnos a solas, desaparece esa sensación de soledad para convertirnos en nuestra mejor compañía. De hecho, la soledad no tiene que ver con si estamos solos o acompañados, sino cómo nuestro espíritu se siente y percibe.

También a veces nos cuesta recibir de otros por no sentirnos merecedores. Vivimos en una cultura donde se nos enseña que somos pecadores e indignos de recibir regalos y milagros, un concepto totalmente alejado a la verdad de Dios. Si nosotros como padres, en nuestra condición humana, deseamos con todas nuestras ansias que nuestros hijos se sientan dignos y merecedores, ahora Dios que es un padre perfecto y amoroso.

Como lo he señalado, la idea de no merecimiento es una gran limitante en nuestra vida y afecta la autoestima. Es necesario creer, sentir y declarar que somos grandes, amados, dignos y que podemos recibir todos los regalos que nuestros corazones anhelan. Si no abres tus brazos con fe para recibir, no hay forma de que Dios pueda darte algo.

Un día, un adolescente se acercó a su padre:

—Papá, ¿me podrías dar 10 dólares?

—Claro, hijo toma este billete de 20 —respondió entusiasmado el padre.

—No papá, solo son 10 —aclaró el joven.

—Toma los 20 —el padre insistió.

El hijo recibió el dinero con mucha vergüenza y hasta con sentido de culpa.

Muchas personas son como este hijo, se sienten indignas y poco merecedoras. Creemos que las cosas no llegan fácilmente sino a través del sacrificio. Es importante comprender que hay regalos que llegarán únicamente por gracia, sin esfuerzo y hay que abrazarlos con gratitud y sentido de merecimiento.

Hay otra forma en que podemos boicotear los regalos que la vida nos ofrece y tiene que ver con nuestra capacidad de abrirnos a lo que se nos presenta. Esta lección la aprendí una tarde con uno de mis hijos mientras comía maní de una bolsa. Mi hijo me dijo: "mamá, dame". Le respondí: "claro, abrí las manos". Pero él no las abría lo suficiente y se quejaba de que le daba poquito. Yo le decía: "abrilas más y te doy más", pero él seguía con las manos medio cerraditas. Yo me inquieté porque seguía quejándose y el problema no dependía de mí sino de él. Entonces pensé en Dios, cuando quiere darnos más y estamos cerrados, incrédulos, con miedo a los cambios, a las nuevas oportunidades.

Y así es la vida: si no abres la puerta de tu vida, nada nuevo entrará por ella. Si no cierras una etapa no estarás listo para la siguiente. Si te enfocas en lo viejo no podrás enfocarte en lo nuevo. Cuando visualizas poco, poco recibes. Todo depende de tu visión, por eso es necesario pensar en grande para recibir en grande.

El no merecimiento viene de la escasez y de un sentido de inferioridad. También se cree que el otro es mejor y que si el otro gana yo pierdo. Muchas personas se han acercado a mí para decirme que no soportan a su "competencia". Lo he visto en todos los gremios: emprendedores, empresarios, médicos, figuras públicas, modelos, atletas... Tenemos la falsa creencia de que el éxito del otro me empaña y de que si al otro le va bien a mí me irá mal. Nada más falso que esto, ¡a todos nos puede ir bien al mismo tiempo!

Necesitamos ser como las estrellas, todas brillan con luz propia, ninguna apaga a la otra, tampoco empañan o interfieren en la luz de las demás. El universo es tan inmenso que hay lugar para todos: hay clientes para todos, espacios y oportunidades para todos. Cuando partimos de esta idea, también reconocemos que todos merecemos y todo fluye abundantemente sin sentirnos amenazados, con sentimientos de celos o envidia.

Darse a los demás es el mejor regalo para ellos

"El regalo más valioso que podemos ofrecer a otros es nuestra presencia" (Thich Nhat Hanh). Lo mejor que podemos hacer por los demás es darnos. Para un niño el mejor juguete que puede recibir son su padre y su madre. La ofrenda más grande que podemos dar es nuestra atención plena, nuestra compañía y escucha atenta.

Cuando mi madre iba a morir comprendí en su totalidad el término "acompañar". Recuerdo que en las noches, después de llegar de cuidarla todo el día en el hospital y después de dormir a mis hijos, me sentaba en la cama exhausta a llorar. Mi esposo se quedaba en completo y profundo silencio a mi lado, con gran respeto, sin pronunciar una palabra, sin consolar, sin aconsejar, solo su presencia y su silencio. Trascurrida una media hora, o quizás una hora, yo terminaba de llorar sintiéndome aliviada y liberada. Yo le decía a él: "ya terminé, gracias". Las palabras sobraban. Su presencia era el regalo, era la forma en que él se daba.

Los seres humanos desean ser escuchados más que aconsejados. Acompañar es estar allí, al lado, solo siendo y estando, sin tratar ni pretender cambiar o mejorar nada. Cuando acompañamos acuerpamos a la persona, no a su dolor; por tanto, el llamado no es a sufrir con el que sufre, sino a "estar" con el que necesita nuestra compañía.

El regalo más grande que podemos dar es también nuestro amor incondicional. Una tribu africana tiene una bella costumbre de amar sin condiciones. Cuando alguien hace algo perjudicial o errado, llevan a la persona al centro de la aldea y toda la tribu viene y la rodea. Durante dos días le dicen todas las cosas buenas que él o ella ha hecho. La tribu considera a cada ser humano bondadoso, pero reconoce que comete errores. La comunidad ve aquellos errores como un grito de socorro; entonces todos se unen para erguirlo, decirle lo maravilloso que es y reconectarlo con quién es en realidad, hasta que se acuerde totalmente de la verdad de la cual se había desconectado temporalmente: "yo soy bueno".

Cuando alguien cometa errores no lo juzgues ni reprendas fuerte, seguramente está vulnerable y lo que necesita es amor incondicional para volver a su estado natural. A tus hijos no los castigues física ni psicológicamente. Funciona mejor reflexionar sobre las consecuencias de sus actos.

Otra forma de darnos a los demás es regalando experiencias en lugar de cosas materiales. Nosotros podemos ser parte de esa experiencia y ese regalo que estamos dando. Como experiencia podríamos regalar un paseo con esa persona, una invitación a cenar o cualquier actividad que invite al compartir y bienestar. También podrías cocinarle algo a ese ser querido, darle un masaje, sobarle la cabeza o cualquier otra expresión de cariño.

Recuerdo que hace muchos años una hermana de comunidad me dijo que me tenía un regalo de cumpleaños. Yo estaba esperando el típico regalo tradicional, algo material. Me sorprendió cuando me dijo: "te estaré regalando una hora de oración por tus necesidades materiales y espirituales". Me quedé muy sorprendida, esa era verdaderamente una promesa de amor y entrega. Esta experiencia fue verdaderamente especial para mí, era saber que alguien me daría una hora de su tiempo en un acto tan sublime y poderoso. Me sentí agradecida.

Darnos a los demás tiene un gran poder, es una huella que dejamos en su interior. Cuando dones a algún orfanato, asilo, hospital o comunidad necesitada, recuerda que lo más importante no es tu donación sino tu compartir con ellos. Con el tiempo podrán olvidar lo que llevaste, pero no lo que afectivamente les diste a ellos. Las personas te recordarán no por lo que les diste, sino por cómo las hiciste sentir. Ese es el poder de las emociones: cuando son muy fuertes dejan un efecto inolvidable.

Otra manera muy especial de darnos es actuando. A menudo si alguien está atravesando una depresión o está triste le decimos: "cuenta conmigo", "llámame cuando quieras", "estoy disponible a cualquier hora". Estas palabras bien intencionadas muchas veces no son suficientes, necesitan acompañarse de la acción pues tal vez la persona decaída no quiere molestar o no tiene ni siquiera la fuerza para hacerlo. Una manera de darte es llegar donde esta persona y decirle, por ejemplo: "vamos, alístate, tengo dos entradas al cine", o "vamos, salgamos, tenemos ya una reservación en un restaurante", o bien "toma este sobre con dinero". Siempre acompaña tus palabras con una acción determinada.

Darte a los demás también es dejarlos ser, darles su tiempo y su espacio, respetando sus procesos internos. Existe una genuina y natural tendencia a querer ayudar y evitar que las personas que amamos sufran. Tratamos erróneamente de cambiarlos y protegerlos, cuando lo único que necesitan es vivir sus propios procesos y experimentar por ellos mismos sus aciertos y desaciertos.

Existen también formas espirituales de darnos a los demás. Puede ser a través de una oración, de un pensamiento impulsador, enviando buenas vibras o de manera intencionada y dirigida. Cuando veas a alguien podrías decirle en silencio: "te amo, te acepto, te envío paz, gozo, salud y agradezco lo que me ofreces". La otra persona no lo sabe, sus oídos no lo escuchan, su mente no lo comprende, pero su espíritu sí.

El espíritu supera a la mente. Es capaz de percibir y recibir ese mensaje. Una vez que esto ocurre, las personas quedan más conectadas. Esta técnica podrías usarla cuando deseas sanar una relación con otra persona; quizás ha sido una relación de muchas fricciones que pueden ir desvaneciéndose espiritualmente a través de este ejercicio. Notarás que la relación irá cambiando poco a poco, pues tu mismo espíritu está abierto a la gran verdad de que está unido al otro.

Puede ocurrir exactamente todo lo contrario cuando cambiamos la intención. Quizás estemos frente a una persona que no nos cae bien, no nos gusta o creemos que nos hace daño. Al ver a esta persona pensamos: "qué mal me cae, me choca, no me gusta su estilo, no debería ser así". La persona no se va a dar cuenta de lo que estamos pensando, pero su espíritu sí.

Estos pensamientos, que son energía, van a agudizar el sentido de separación, rivalidad o malestar entre ambos. De esta forma también precondicionamos la situación y puede ocurrir que cuando tengamos a esa persona frente a frente, la relación no fluya y sintamos incomodidad debido al trabajo mental y emocional que hicimos de forma previa.

No dejes de utilizar esta poderosa técnica de dar. Inclusive podrías dar a tus hijos y pareja en silencio, diciéndoles: "dale, lo vas a lograr, gracias, te amo". Esas palabras serán un impulsador para su espíritu, pues todos estamos conectados y somos capaces de recibir esos mensajes a través del inconsciente colectivo.

Otra manera importante de darnos es ayudando a quien lo necesite. Tendemos a acumular objetos, ropa, utensilios de cocina y mucho más. Lo acumulamos pensando que el día de mañana lo ocuparemos, pero ese día nunca llega. Tenemos ropa para cuando bajemos de peso, vestidos para cuando nos inviten a algún lugar al que nunca nos invitaron y un suéter para cuando hagamos ese viaje que jamás hicimos. Acumular y retener es antiprosperidad. Partimos de un sentido de carencia y miedo creyendo que no tendremos lo que necesitamos en el futuro.

Desocupa y da a otros lo que no estás ocupando. Permite que las cosas circulen libremente, sin apegos. Marie Kondo, escritora japonesa especialista en orden, afirma en su libro *La magia del orden* (2011) que lo que no usas en seis meses nunca lo usarás. Entonces tenemos una gran oportunidad de dar lo que esté en buen estado y que otro sí lo apreciará.

Podrías sacar todo aquello que no estás usando. Cuantas menos cosas tengas más orden habrá. Y no le des tanta vuelta en tu cabeza cuando saques los objetos. Tu mente te dirá: "mejor no, no regalo esto", o "lo podré necesitar más adelante". Regala y reparte esos bienes, para que otros nuevos bienes lleguen a tu vida.

También podemos dar a través del diezmo, cuya práctica ha sido principalmente religiosa. Consiste en dar el 10 por ciento de tus ingresos mensuales a una causa, persona o lugar con necesidad. La decisión del destino de tus fondos debería ser libre y estar alineada a tus valores y a tu intuición. Esta práctica generosa nos ayuda a vivir con más consciencia y desapego. Otros se benefician y también ellos mismos, a su vez, beneficiarán a otros con lo que han recibido.

A veces nos cuesta soltar y nos parece que es mucho dar el 10 por ciento de nuestros ingresos. Una vez que ese dinero ha salido de nuestras manos puede que ni siquiera nos percatemos. Sin embargo, cuando llega a las manos que lo necesitan, toma un valor más significante y deja de ser nuestro 10 por ciento, para convertirse quizás en el 70 por ciento de los ingresos para la otra persona. En realidad, el valor de las cosas depende de las manos que las tengan, ya que todo es relativo.

Como he sugerido, podrías dar tu diezmo y aquello que no estás ocupando, pero el mayor regalo será ofrecer tu tiempo, cariño y atención a los demás.

Soltar y perdonar: los conflictos provocan escasez

Las personas más felices y plenas son aquellas que mantienen estrechas relaciones con sus familiares y amigos. Por el contrario, las personas que experimentan soledad y conflictos son más propensas a padecer enfermedades crónicas y trastornos mentales y emocionales que las llevan a la desdicha.

Todo ser humano que es capaz de soltar y perdonar, vibra más alto y puede enfocarse en el amor y la abundancia. Cuando estamos en paz con nosotros mismos y con los demás, nuestra conciencia descansa y somos capaces de canalizar ese bienestar para enfocarnos en asuntos de gran valor y emprender proyectos en nuestra vida.

Cuando nuestra vida está llena de conflictos nos enfocamos en ellos, en esa energía de desdicha y por ende atraemos más de lo mismo. Estamos tan atentos al conflicto, pensando día y noche en él y en nuestro dolor, que nos olvidamos de crear, innovar y vivir. Toda nuestra atención y energía creadora disminuye, nos drenamos y enfermamos.

Las relaciones humanas son complejas, pues cada cabeza es un universo diferente de interpretaciones. La pobre comunicación nos lleva a tener percepciones erróneas y a hacer que los vínculos se deterioren. Nadie nos enseña a hablar asertivamente, a aclarar dudas y a interpretar la realidad sin juicios. La falta de esta habilidad distorsiona la comunicación y por ende las relaciones.

Empezamos entonces a tener relaciones disfuncionales y a meterle peso a una mochila emocional donde existe dolor, resentimiento, rencor e incluso odio. Cuando esa mochila pesa hace que la persona sienta su tránsito por la vida cansado, sin sentido y eso la conduzca a la enfermedad y a la desdicha.

En mi trabajo en talleres de manejo emocional con centenares de personas, la gran mayoría manifiesta tener deudas emocionales. Estas deudas son aquellos asuntos inconclusos, capítulos abiertos, relaciones no sanadas, carga de resentimientos desde pequeños hasta muy grandes, desde la infancia hasta la actualidad.

No todos los seres humanos se ocupan de sanar sus deudas emocionales; algunos no desean hablar de ellas, otros no tienen consciencia de tenerlas y otros han dejado pasar el tiempo creyendo que no hay asuntos pendientes por resolver.

Buscar ayuda terapéutica para trabajar las heridas emociones, a la mayoría le parece algo innecesario. Llevamos nuestro vehículo a mantenimiento, pero no nuestras experiencias y dolencias emocionales donde un profesional de la salud mental. Algunos creen que visitar al terapeuta, psicólogo o psiquiatra es para "locos". Parecería ser una inversión costosa, cuando quizá nos cuesta lo mismo que un par de zapatos. A veces, por no buscar ayuda, obviamos lugares que ofrecen atención emocional a bajo costo o incluso gratuita.

Hay personas que van con sus deudas emocionales y su dolor esparciéndolos por el mundo. Esto se vuelve visible en separaciones familiares, rupturas de amistades y hasta en las redes sociales. Sobre esto último, encontramos individuos que tienen la costumbre de usar la violencia verbal contra alguien, expresando lo que nunca le dirían de frente, refugiados tras la distancia digital.

Esto lo único que demuestra es el profundo dolor que hay en su interior, sus frustraciones no resueltas que aún esperan por mecanismos para ser liberadas, y que solamente tratan de salir de manera inconsciente a través de lo que escriben contra otras personas.

Otro tipo de disfunciones comunes en la sociedad son las divisiones en las familias por herencias, diferencias políticas o manejo de negocios, entre otros. Cuando el ego se antepone perdemos la perspectiva, no somos capaces de escuchar al otro, de ver y percibir cómo sienten los demás. Nos parece que nuestro punto de vista es el válido y de esta manera las relaciones se van agrietando y enfriando.

Los adultos de la familia pueden transferir esta información a sus hijos consciente o inconscientemente. De esta forma se afecta a diferentes generaciones, hasta que alguien toma acciones para, de forma consciente, empezar a sanar y cortar los vínculos, repeticiones y cadenas no sanadas en el linaje familiar.

Cuando hablamos de conflicto no podemos obviar que lo que nos ofende en el presente es algo no resuelto del pasado. Hay resentimientos que cargamos desde la niñez. Si es hacia el padre, el problema podrá manifestarse en figuras masculinas como el esposo, amigos, compañeros, jefes o cualquier acción que la persona relacione con su progenitor. Si es hacia la madre podrá manifestarse en la suegra, amigas, compañeras, jefas u otros detonantes relacionados a su progenitora.

Sana tu pasado para vivir plenamente tu presente. Mientras no sanemos nuestro vínculo con nuestras raíces, con quienes nos dieron la vida (nuestros padres), todas nuestras relaciones se verán afectadas de una u otra forma.

Para tener una vida plena y libre de conflictos podríamos hacer un inventario desde que tenemos memoria hasta la actualidad. Podrías retirarte un día completo de silencio a algún lugar agradable, buscar un espacio para relajarte, meditar e iniciar un proceso reflexivo y retrospectivo que te ayude a ver dónde hubo o hay dolor, qué cicatrices llevas, qué relaciones aún no están sanas, qué acontecimientos causaron estragos y cómo repercuten en la actualidad. El ejercicio es sorprendente y puede revelarnos asuntos que no estaban muy conscientes.

Cuando hay mucho dolor y trauma es mejor acompañar este proceso con un mentor, guía o preferiblemente un experto en salud mental. Es vital cerrar los ciclos que han quedado abiertos, sobre todo aquellos relacionados con el niño interior. El experto sabrá qué terapias son las más apropiadas para sanar en cada caso.

Trabajar el tema del perdón es importante para la libertad interior. El resentimiento y rencor afecta únicamente a quien lo padece, la otra persona probablemente no lo sepa. Incluso a veces se llega a odiar a personas públicas que ni siquiera conocemos; ese odio no es más que una insatisfacción profunda hacia alguna persona del pasado con quien mantenemos un vínculo disfuncional. Por lo tanto, la principal tarea que tenemos por delante es sanar nuestro pasado para construir relaciones sólidas en el presente.

Un ejercicio útil para trabajar el perdón consiste en cerrar tus ojos y ver a la persona que te hizo sentir ofendido. Míralo a sus ojos sonriendo y aprecia su bondad, su lado más amoroso y perfecto. Envíale desde tu corazón mucha paz, amor y buenos deseos. Podrías decirle "te amo, gracias". Este ejercicio se puede practicar muchas veces y es liberador. Con el tiempo irás notando que la ira, el dolor o el resentimiento hacia esa persona empiezan poco a poco a disminuir, hasta desaparecer.

Los padres de familia o tutores tienen la tarea de enseñarles a los niños desde pequeños a pedir perdón, fomentar el perdón entre hermanos tras una pelea y por supuesto modelar este perdón cuando uno como padre o madre los ha ofendido a ellos. Si de niños son capaces de pedir perdón, de adultos les será mucho más fácil hacerlo.

Necesitamos vivir lo más libre de conflictos, ya que cuando existen, y según la intensidad con que se manifiesten, éstos monopolizarán nuestra mente, emociones y hasta nuestra salud física, provocando una vida desdichada y condenada a la escasez.

El poder de saber comunicarnos con otros

Las relaciones se nutren a través de nuestra forma de comunicarnos con los demás. La comunicación es un arte que va desde lo verbal hasta lo no verbal. De esta magia depende el éxito de nuestras relaciones. Debemos estar conscientes de que todo habla y comunica: nuestro tono de voz, palabras, gestos, mirada, uso de manos, movimiento corporal, respiración y vocalización.

La comunicación empieza con una escucha activa. Generalmente no escuchamos con atención plena a los demás. En mis talleres de inteligencia emocional siempre trabajo el tema del escuchar, pues a través de esta habilidad desarrollamos la empatía.

Para mejorar la capacidad de escuchar es importante:

- Disponer tu cuerpo y mirada hacia tu acompañante.

- Procurar escuchar sin pensar en lo que responderás.

- Evitar interrumpir relacionando lo que escuchas con tus propias experiencias.

- Intentar no juzgar o analizar lo que vas escuchando de la otra persona.

La idea es vaciar tu mente para dar espacio a la información que el otro te está trasmitiendo. Es importante hacerle saber y sentir a la persona a quien escuchamos, que él o ella es lo más sagrado e importante en ese momento.

En comunicación también es importante estar conscientes del poder de nuestras percepciones. Saber que vemos el mundo no cómo es, sino cómo somos o estamos en ese momento. Dos personas pueden estar viendo la misma película, pero para una de ellas podrá ser la mejor de su vida, y para la otra la peor. Ninguna percepción es inválida, sin embargo es importante estar conscientes de esto.

Necesitamos comprender que lo que vemos es solo nuestra percepción y no la verdad absoluta. Cuando consideramos esto somos más emocionalmente inteligentes, y nuestra forma de comunicarnos o referirnos a algo o alguien cambia. Podríamos entonces hablar más asertivamente sin ser descalificativo. Por ejemplo, en lugar de decir "qué película tan mala", podríamos comunicarnos desde el "yo" y decir: "desde mi percepción esta película no cumplió mis expectativas, aunque quizás otros pueden tener una mejor opinión".

Asimismo, cuando hablamos de comunicación también es importante hacer pausas, observar más y reaccionar menos. Muchas veces reaccionamos con una respuesta impulsiva, rápida y poco premeditada. El ejercicio de ser observador y permitir que otros hablen antes que nosotros, nos ayudará a ser más asertivos a la hora de comunicarnos. Podrías auxiliarte de la respiración: antes de responder haz una pausa, respira y con ello ganarás más objetividad y brindarás una respuesta más empática y acertada.

Un gran desafío, sobre todo en la cultura latinoamericana, es aprender a pedir de manera directa. Pedimos refugiándonos en indirectas, reclamos o creando conflictos. Por ejemplo:

—Amor, quiero un abrazo bien fuerte (solicitud directa).

—Casi nunca me abrazas (solicitud indirecta basada en reclamo).

En el peor escenario no hay comunicación. No se expresan las emociones ni los deseos. A veces creemos o suponemos que el otro sabe o debe saber lo que necesitamos. Ser asertivos es comunicar lo que queremos de forma clara, directa, concisa y en el momento más oportuno.

En las parejas, para mejorar la comunicación, me gusta recomendar evaluaciones regulares sobre la relación. Esta es una práctica que he llevado por años con mi esposo con excelentes resultados. La pareja se junta una mañana o una tarde a solas en un clima muy relajado. Se evalúa bajo diferentes criterios que para ellos son importantes, por ejemplo: comunicación, respeto, confianza, afecto, sexualidad, finanzas, hijos. Estos espacios en los que ambos están tranquilos y dispuestos a escucharse son oportunos para hacer las solicitudes que se necesitan para mejorar la relación.

La evaluación podría realizarse cada tres meses. En una tabla de Excel se escriben las categorías y se le da una puntuación del 1 al 10 a cada una, siendo 10 el mayor. La puntuación nos ayuda a valorar y evaluar más fácilmente los progresos trimestralmente.

Otro aspecto pertinente en el tema de la comunicación es omitir las etiquetas. En lugar de etiquetar a la persona, más bien aborda los hechos. Veamos un ejemplo:

—Eres un gran grosero (comunicación incorrecta).

—Sentí este hecho como una grosería (comunicación correcta).

La etiqueta "grosero" ataca a la persona, quien puede inmediatamente sentirse amenazada y sobre reaccionar no por lo que ocurre, sino por la etiqueta. En cambio, si abordamos el hecho, logramos que la persona pueda seguir escuchándonos con más objetividad y de esta forma tener más posibilidades de solucionar el conflicto.

Es igualmente importante que, cuando no estemos seguros de algo, preguntemos o pidamos aclaraciones en lugar de sacar nuestras propias interpretaciones y conclusiones, con lo cual podríamos crear una película mental dramática e innecesaria. En cambio, podemos decirle a la otra persona: "esto lo interpreté o lo escuché de esta manera; me gustaría saber si realmente es así o estoy entendiéndolo de otra forma". Las aclaraciones son sanas para evitar que los conflictos interpersonales escalen.

La comunicación tiene mucho poder y con solo traer a la práctica algunas pautas como las mencionadas, nuestras relaciones pueden ser más nutridas y trascender a otro nivel superior.

Resumen de las prácticas para nutrir tus relaciones

1. **Equilibrar el dar y recibir en tus relaciones**

- Intenta analizar si existe en tu vida una tendencia a dar más de lo que estás recibiendo.

- Observa en qué lugar te estás ubicando con relación a los demás.

- Reflexiona sobre qué tan merecedor te sientes de recibir los regalos que la vida te ofrece.

2. **Darse a los demás es el mejor regalo para ellos**

- Interioriza cómo podrías darte más a los demás como un acto de amor:

  · Acompañándolos en las dificultades.

  · Practicando el amor incondicional.

  · Regalando experiencias.

- Acompañando tus palabras con acciones concretas.

- Dando espiritual y materialmente a quien lo necesite.

3.   Soltar y perdonar: los conflictos provocan escasez

- Revisa si tu vida tiene deudas emocionales pendientes, heridas abiertas, ciclos inconclusos o conflictos no resueltos del pasado (niñez, adolescencia, adultez).

- Medita si valdría la pena buscar ayuda profesional para llevar a cabo este proceso.

- Reflexiona sobre qué tan sano está el vínculo con tu raíz —padre y madre— y cómo este se refleja en tus relaciones con los demás.

4.   El poder de saber comunicarnos con otros

- Practica la escucha activa con la guía sugerida.

- Reflexiona sobre la percepción que tienes de las personas, cosas o circunstancias y cómo las comunicas.

- Analiza tu capacidad de observar y reaccionar cuando conversas con otros.

- Presta atención si utilizas etiquetas en tus relaciones.

- Si tienes pareja, practica la evaluación sugerida para mejorar la comunicación entre ambos.

Capítulo V:
Entrenando tu mente para lo que deseas

Conocer tu mente y ponerla a tu servicio abrirá puertas para entrar donde jamás imaginaste…

Cambio de chip: desaprender lo inútil y reaprender lo útil

Nuestra mente tiene un poder inimaginable. Si usáramos este poder para nuestro servicio, la vida del ser humano sería diferente. La mayoría de las personas carecen de herramientas para desarrollar su potencial mental, desconocemos cómo archivamos la información en el inconsciente, cómo creamos programas y patrones mentales, mecanismos de sobrevivencia y también de sabotaje, cómo nuestro cerebro aprende y también desaprende.

El funcionamiento de la mente humana debería ser un tema de estudio en las escuelas, pues su poder puede llevarnos al éxito o al fracaso, a la plenitud o a la desdicha. El poder mental radica en los pensamientos, aquellos pensamientos útiles o inútiles que te impulsan o te destruyen. Todo tu bienestar gira en torno a la forma en que piensas, percibes e interpretas los hechos y las personas que están a tu alrededor.

Desde que nacemos, nuestros cuidadores y referentes van formándonos y llenando nuestra mente de ideas, conceptos y mucha información. Nos enseñan la dualidad según sus propios valores, historias de vida y realidad. De esta forma aprendemos a juzgar, analizar, criticar, señalar o interpretar todo aquello que nos rodea.

Hemos aprendido de una forma y a veces tendremos que desaprender esto, para volver a aprenderlo de la forma idónea. Por ejemplo, nuestros conceptos en torno a las religiones. En Occidente, una gran mayoría desacredita o rechaza una religión distinta a la que practica, no hemos aprendido a abrazar la diversidad religiosa con respeto. Caemos en el error de creer que tenemos la verdad absoluta y con ello catalogar otras religiones como perjudiciales y falsas. Hace falta mayor madurez espiritual para entender que cada ser humano tiene su propia verdad y que ninguna vale más que el resto.

Las religiones están asociadas a la región geográfica donde hemos crecido, por tanto pregúntate: ¿qué religión me habrían enseñado mis padres si yo hubiera nacido en Estonia, Bután o Namibia?

Una práctica importante en el desaprender es observar todo neutral, sin etiquetarlo de bueno o malo, positivo o negativo. Las cosas son como son, lo correcto o incorrecto es solo lo que pensamos respecto a estas y varían de persona a persona. Esto no es una renuncia a tus creencias y valores, pero sí a tu juicio. Podemos mantener intactas nuestras convicciones y a la vez cambiar nuestra interpretación sobre aquello en lo que no coincidimos con otros.

Soltar los prejuicios y juicios es una tarea de desaprender, retadora pero alcanzable. Siempre podemos preguntarnos: ¿podría ver esto diferente?, ¿a qué se debe que yo lo vea así?, ¿puedo ver esta situación como la ve esta persona?, ¿podría aprender algo de esto que es diferente a lo que pienso? Una actitud sabia es intentar ponernos en el lugar del otro y verlo como lo ve él o ella, en lugar de saltar impulsivamente desaprobándolo. No necesitas cambiar de opinión, solo respetar las ajenas sin atacarlas.

El desaprender es también una tarea de soltar las ideas que tenemos de nosotros mismos. A veces tenemos conceptos errados sobre lo que somos y podemos hacer. Nos limitamos en nuestro actuar. A esto se le conoce como "creencias limitantes", que no son más que ideas muy enraizadas que limitan nuestra capacidad de actuar y vivir libremente.

Algunas creencias limitantes resuenan de esta forma en nuestra mente: "no puedo", "el otro es mejor", "soy malo con los números/tecnología/idiomas", "esto es solo para jóvenes", etcétera. Cada vez que repetimos eso en nuestra mente, le enviamos un mandato de que no seremos capaces, dificultando así todas nuestras facultades y posibilidades para lograrlo.

El origen de nuestras creencias limitantes puede deberse a:

- Alguien me lo dijo: "lo tuyo no es la tecnología".

- Así lo has creído: "soy malo para los números".

- Siempre ha sido así (la sociedad lo impuso): "los estadounidenses están mejor preparados que los latinoamericanos".

Identificar estas barreras mentales y su origen nos ayudará a estar más conscientes y poder trabajar en ello. Podríamos identificar nuestras creencias limitantes y transformarlas en creencias impulsadoras. Por ejemplo: "sí puedo", "esto es para mí", "soy capaz de hacer esto". Este tipo de frases son afirmaciones poderosas que condicionarán nuestra mente para hacer todo aquello que hemos creído difícil o imposible.

En síntesis, tenemos una gran tarea de cambiar el chip de nuestra cabeza, de desaprender lo viejo e inútil para darle entrada a lo nuevo y necesario. Tenemos también la oportunidad de desprogramar creencias saboteadoras que no nos aportan nada. Es necesario reprogramarnos o reaprender alejándonos del juicio y de lo absoluto. Podemos desarrollar una visión más sabia e inclusiva que nos impulse con fuerza a vivir desde el amor y no desde el miedo, que nos limita y separa de los demás.

Una mente libre de estrés

Una mente estresada es una gran limitante para alcanzar lo que deseamos. Millones de personas en el mundo padecen de estrés. Este fenómeno desencadena enfermedades físicas y mentales, desde leves hasta muy graves. La manera en que está organizado el mundo hoy día hace que vivamos de forma más acelerada y que nuestra mente esté la mayor parte del tiempo agitada ante las demandas que debemos cumplir.

El ser humano vive deprisa, enfocado en el hacer, en cumplir responsabilidades, mandatos sociales y normas de cómo deben ser las cosas dentro del nuevo sistema mundial. El hombre y la mujer tienen hoy múltiples responsabilidades como padres, parejas, trabajadores dentro y fuera del hogar, educadores y otras responsabilidades sociales dentro de su comunidad. No todas las personas son capaces de sobrellevar estos compromisos de forma balanceada, por tanto sus vidas están llenas de estrés y ansiedad.

Además del estrés por el hacer, nos encontramos con el estrés emocional que surge de los conflictos interpersonales, duelos no resueltos, heridas, traumas o relaciones disfuncionales, entre otros factores. El agobio emocional hace que las personas sientan una carga mental pesada que incide en su bienestar y rendimiento general. Nuestra mente se enfoca principalmente en el agobio y el conflicto, y no es capaz de trabajar armoniosamente.

En mis talleres suelo preguntarles a los participantes sobre que les estresa, la mayoría responde de esta manera: "me estresa la incertidumbre económica", "me estresa la crisis mundial", "me estresan mis hijos", "me estresa mi suegra", "me estresa el tráfico…". La mayoría de los seres humanos piensan que el estrés lo ocasiona un factor externo. Hemos creído que algo o alguien afuera hace que mis niveles de estrés, ansiedad, incertidumbre o miedo aumenten.

En realidad, nada ni nadie nos estresa más que nuestros propios pensamientos. No es lo que ocurre afuera, sino lo que pienso con relación a lo que acontece. Veamos el siguiente caso:

Escenario 1: hay una persona en un lugar público observándome. Yo puedo decir: "esa persona me está observando, algo de mí le llamó la atención".

Escenario 2: veo a la misma persona y pienso: "esa persona me está observando, me puede hacer daño, en ese bolso tiene un arma para intimidarme, robarme o matarme".

Los escenarios son iguales, pero la mente ha creado dos versiones diferentes. El pensamiento que elija la persona será el detonante de estrés.

Para explicarles mejor a mis clientes el efecto que tienen los pensamientos en nuestros niveles de estrés los he clasificado en cuatro categorías:

- Pensamientos desestabilizadores. Todo aquel pensamiento que me desestabiliza emocionalmente: "moriré de coronavirus", "quedaré sin empleo y con muchas deudas".

- Percepciones erróneas. Percibo afuera asuntos de forma errada que me estresan: "todos están en mi contra", "mi jefe felicita a todos excepto a mí".

- Proyecciones pasadas y futuras. La mente va al pasado a recordar un episodio difícil, traumático o doloroso: "No hubiera hecho eso", "me abandonaron en mi niñez". O bien, la mente va al futuro para preocuparse: "mi negocio va a quebrar".

- Creencias limitantes. Creo en ideas que me limitan y me causan estrés: "no puedo hablar en público" o "no tengo habilidades para vender".

Todos nuestros pensamientos, positivos o negativos, generan una emoción. Por ejemplo, pienso en la posibilidad de quedar sin empleo y este pensamiento me genera emociones de miedo, ansiedad, incertidumbre. De igual manera, la emoción también puede generar un pensamiento. Si ocurriera un terremoto lo primero que podríamos sentir es miedo, esa emoción luego desencadena pensamientos: "¿y si no puedo salir?", "¿y si muero aplastado?", "¿y si mi familia resulta herida?". Aquí vemos la estrecha relación pensamientos – emociones.

De igual manera, los pensamientos y las emociones se reflejan en el cuerpo. Si percibo peligro (pensamiento) entonces siento miedo (emoción). Al sentir miedo puedo temblar, sudar helado o sentir el ritmo cardíaco acelerado, de modo que el cuerpo está ya conectado con la mente y las emociones.

Esta cadena psicofisiológica se debe a que nuestras experiencias mentales hacen que los neurotransmisores cerebrales envíen señales al cuerpo y que este a su vez genere sustancias bioquímicas alterándolo. Supongamos que tenemos una gran tristeza: el estómago se cierra, no hay apetito, eventualmente los jugos gástricos se desbalancean produciendo acidez estomacal y posteriormente esta se convierte en gastritis. La causa de esta gastritis es de origen emocional (dolor y tristeza).

Por otro lado, el sistema endocrino genera hormonas de estrés como el cortisol y la adrenalina, en respuesta a experiencias mentales de amenaza. Tal es el caso de alguien que vive bajo permanente violencia intrafamiliar. Aquí la persona puede experimentar miedo, enojo, frustración y, en respuesta a esto, su cuerpo genera continuamente altas dosis de cortisol y adrenalina. Estas hormonas generadas de forma constante debilitan el sistema inmunológico y eventualmente enferman el cuerpo.

Una vez que la mente, las emociones y el cuerpo están sometidos a estrés, el espíritu decae. La persona tiene sus niveles de energía bajos, está apagada, decaída, desmotivada, improductiva. Su espíritu está encogido, ya que la estrecha relación cuerpo-mente-emociones-espíritu trabaja en cadena y no se puede estar bien sin una o sin la otra. Por esta razón, el trabajo holístico es indispensable para el crecimiento y desarrollo humano.

Es necesario trabajar el estrés integralmente, identificando su causa a nivel mental y cómo esta se manifiesta a través de los pensamientos. La forma en que he trabajado con centenares de personas este tema radica en entrenar la mente, pues es aquí donde se origina principalmente el conflicto. Para ello trabajo con tres pilares fundamentales:

1. Prestamos atención a lo que la mente consume. Aquí analizamos el tipo de música que se consume, si es de alta o baja vibración, si el mensaje es armonioso o de poco valor. Vemos también el tipo de conversaciones (presenciales y digitales) que se sostiene con los demás y su efecto de bienestar o malestar. Prestamos atención al tipo de noticias, películas, series o lecturas que se consumen para ver si los mensajes contribuyen o no al estrés. A veces se cree que este consumo no afecta, pero en realidad si ya que todo se archiva en el inconsciente.

2. Observamos el patrón de pensamientos dominantes. Cuáles son aquellos pensamientos que se repiten una y otra vez, con efectos desestabilizadores. Hay personas que tienden a tener un patrón de amenaza esperando casi siempre el peor escenario y por tanto aumentando sus niveles de estrés. Otras suelen adoptar un papel de víctima y otras de juez, emitiendo siempre una opinión para aprobar o desaprobar algo. Existen también quienes tienden a encontrar siempre una queja o a crear consciente o inconscientemente un conflicto. En cualquier escenario, estos pensamientos generan estrés y en la mayoría de los casos la persona no es consciente de poseer estos patrones y los repite de manera automática.

3. Realizamos prácticas y herramientas de forma regular y sostenida para entrenar a la mente. Nuestra cabeza es como una computadora; cuando esta última se satura de información se vuelve lenta o se traba y para que funcione mejor, debe apagarse o *resetearse*. Lo mismo ocurre con nuestra mente agitada, nuestros pensamientos necesitan salir y ponerse en pausa a través de la calma, el silencio y la quietud. Algunas herramientas útiles para sosegarse serán técnicas de relajación, respiración, meditación y terapia ocupacional.

En mis talleres, procuro ofrecer una variedad de técnicas de relajación, respiración y meditación para que cada quien pueda elegir la que le interese de acuerdo con sus necesidades personales y gustos. El tema de las herramientas es muy extenso y será asunto de otro libro que escribiré en el futuro.

En síntesis, cuando aprendemos a gestionar nuestros pensamientos manejamos mejor el estrés. La calidad de nuestros pensamientos es proporcional a la calidad de nuestra vida. En nuestras manos está la gestión de nuestro bienestar mental y emocional a través de todas las intervenciones mencionadas.

Entrena tu mente con disciplina y manejo eficiente del tiempo

Muchas personas desean alcanzar sus metas y sueños, pero pocas lo logran. La diferencia entre quienes lo logran y quienes no tiene mucho que ver con la disciplina, la constancia y el manejo de su tiempo. Diversos estudios afirman que las personas con disciplina son más felices, pero ¿cómo ser más disciplinados?, ¿cómo dejar de procrastinar o postergar lo que tenemos que hacer?

Es vital comprender que la disciplina es hacer lo que tienes que hacer cuando hay que hacerlo. No importa si hoy amaneciste con deseos de cumplir o no, sabes que tienes que hacerlo y lo realizas movido por una profunda convicción y no dominado por las emociones saboteadoras del momento.

Lo ideal es convertir los propósitos que tenemos en hábitos, a través de la disciplina. El propósito surge de la intención de hacer algo, que en muchas ocasiones abandonamos a mitad del camino. El hábito es mucho más fuerte, persiste en el tiempo y no dejas de hacerlo, por ejemplo, lavarnos los dientes o bañarnos.

Algunas prácticas que podrían ayudar a fortalecer tu disciplina y convertir tus propósitos en hábitos son:

- Cuando tengas un nuevo objetivo empieza con pequeñas dosis diarias pero seguras. Quienes deseen empezar el hábito de la lectura o el ejercicio diario es mejor iniciar con poco e ir aumentando paulatinamente.

- Practica lo que tengas que hacer de forma ininterrumpida para crear el hábito. Los expertos hablan de que después de 40 días haciendo lo mismo, el cerebro se acostumbra y toma esa acción como hábito. Crearlo toma tiempo y esfuerzo, romperlo es muy fácil, así que no interrumpas y tires a la basura lo que has avanzado.

- Necesitarás un plan de acción con horario, rutina y estructura para todo lo que desees trabajar. La disciplina se logra mejor cuando hay orden y claridad en lo que se hará y cómo se llevará a cabo.

- Tener una motivación para alcanzar algo siempre te ayudará a perseverar y tener disciplina. Cada vez que desees tirar la toalla ("hoy no quiero hacer ejercicio"), recuerda para qué estás haciendo eso y cómo te sentirás con los resultados alcanzados. Podrías decir: "elijo hacer ejercicio, me encanta y sé que me ayudará a estar bien". De esta manera, das un mandato al cerebro para hacerlo.

- Siempre que tu mente quiera procrastinar o aplazar lo que tienes que hacer, utiliza la técnica 5,4,3,2,1 acuñada por Mel Robbins en su libro: *El poder de los 5 segundos* (2017). Si tu propósito es despertar de madrugada y te es difícil, cuando suene la alarma cuenta en tu mente "5, 4, 3, 2, 1", y cuando ya has dicho 1 estás de pie afuera de la cama con los zapatos puestos. Con esta cuenta les das poco tiempo a que tu mente saboteadora y adicta al placer quiera quedarse dormida. Le ganas a la pereza a través de tu acción.

- Identifica tus recompensas. Necesitamos valorar y celebrar cada uno de nuestros logros por más pequeños que sean. Cuando haces este alto para reconocerte te estimulas a continuar, tu cerebro recibe las gratificaciones que gusta y tu confianza y autoestima aumentan.

En mi vida personal, uno de los actos de disciplina más grandes que he logrado convertir en hábito es despertar de madrugada. Todos los días, no importa qué fecha o temporada del año sea, me despierto a las 5:00 a.m. para meditar, orar y afirmar lo que deseo ese día. Este ritual me toma alrededor de una hora y 15 minutos.

Al inicio me resultaba muy difícil, pero fui aplicando todas las prácticas mencionadas que me llevaron a crear el hábito. Tomo esto como un compromiso y un acto de amor conmigo misma. Sé que cuando lo hago estoy mejor, y si yo logro prepararme espiritualmente mejor para ese día, mi familia y las personas a quienes sirvo también lo estarán. Esta es mi principal motivación y dejo que se convierta en una profunda convicción para cuando mis emociones quieran sabotearla.

El hábito de despertar a las 5:00 a.m. cambió mi vida positivamente en muchos aspectos. Me ha hecho una persona más productiva y eficiente. Mis niveles de atención, enfoque y creatividad aumentaron; la disciplina y voluntad se fortalecieron. Las rutinas de mis madrugadas me han permitido entrenar mi mente, cuerpo y espíritu para los desafíos que puedan surgir cada día.

Después de practicar este hábito por mucho tiempo, descubrí coincidentemente que existía un libro de Robin Sharma llamado *El club de las 5 de la mañana* (2018). Este libro me sirvió de inspiración para crear con mi comunidad virtual un club con el mismo nombre. Ha sido un espacio perfecto para motivarles a hacer lo mismo y que puedan beneficiarse de las bondades que implica entrenar de madrugada. Cuando inicié este proyecto hubo tanta acogida que tuve que iniciar acompañando a las primeras 500 personas a las que les llamé generación 1. Luego se sumaron otras 500 personas que fueron parte de la generación 2.

Al igual que la disciplina, otro factor indispensable para que nuestra mente haga lo que tiene que hacer es el buen manejo del tiempo. Muchas personas se quejan de no tener tiempo para nada: "nunca tengo tiempo para mí, para mis cosas", "el tiempo no me rinde para nada…". En realidad, no es el tiempo sino cómo lo estamos administrando. Tiene que ver con tu capacidad de enfoque, atención, priorización y consecución de lo que hay que hacer.

Necesitamos herramientas para manejar eficazmente nuestro horario. Somos eficientes cuando hacemos lo que tenemos que hacer en la menor cantidad de tiempo. Algunas recomendaciones que hacen la diferencia en el manejo del tiempo personal y laboral son:

- Utiliza una agenda. En ella anota todo, desde llamadas, reuniones, mandados, hasta el tiempo con tu familia. Lo que no está en agenda suele no suceder, pero es importante agendar con realismo para no saturar. En tu agenda necesitas priorizar: podrías ponerle el número 1 a la actividad más importante, un 2 a la segunda más pertinente y así sucesivamente para saber que las deberás ejecutar con prioridad.

- Revisa la noche anterior lo que tienes que hacer al siguiente día, para preparar tu mente. Asegúrate de tener todo lo que necesitas y dejarlo listo.

- Trabaja en bloques y con horarios. Establece un tiempo para responder correos, mensajes de WhatsApp o hacer llamadas telefónicas. Generalmente las personas van reaccionando y respondiendo todo el día, lo que se convierte en una gran fuga de tiempo. Elimina todo distractor cuando estés concentrado en una actividad; es mejor realizar un asunto a la vez que varios al mismo tiempo.

- Es importante pedir ayuda cuando sea necesario. Hay personas que pierden mucho tiempo investigando o tratando de hacer algo, cuando alguien lo sabe hacer más rápido. También es necesario delegar aquello en lo que no somos indispensables.

- Aprender a decir "no" es muy importante. Muchas veces tomamos demasiados compromisos por miedo o vergüenza a decir no. Necesitamos comprometernos honestamente solo con aquello que podamos cumplir.

- Darle seguimiento a los compromisos. Monitorear lo que hacemos garantiza el éxito y consecución de una tarea. Muchas personas no logran concretar lo que desean porque no asignan un tiempo al monitoreo.

Administrar bien el tiempo es también vivir con balance, dándole a cada asunto el tiempo que corresponde. Muchas personas se pierden en este desequilibrio porque trabajan demasiado y descuidan otras áreas de su vida como el autocuido y su familia. La clave es trabajar bajo planificación, estableciendo límites y sin perder de vista lo importante por encima de lo urgente.

Mientras escribía este libro deseaba hacerlo el día entero, estaba muy concentrada y apasionada. Sin embargo, después de un par de horas de escribir, me obligaba a cerrar mi computadora para dedicarme a otros asuntos profesionales, a hacer ejercicio y a desempeñar mi importante papel de madre y esposa. Probablemente el libro lo hubiera escrito en un par de semanas, pero habría perdido el balance en mi vida y quizás hasta me habría enfermado.

Por otro lado, es necesario cambiar el paradigma de que más horas en la oficina se traducen en mayor eficacia o mejor calidad del trabajo. Trabajar de forma inteligente es enfocarse en los objetivos a cumplir optimizando el tiempo; lo importante no es la cantidad de tiempo empleado, sino la calidad que le damos al tiempo cuando trabajamos de forma enfocada y sin distractores.

En conclusión, para entrenar tu mente al servicio de lo que deseas necesitas ordenar tus ideas, contar con un plan claro y conciso, acompañado de altas dosis de disciplina, motivación y una efectiva administración de tu tiempo.

Crea una mente abundante, cultiva lo positivo

La abundancia se autopercibe a nivel mental, emocional, espiritual, físico y material. Una mente abundante reconoce, a través de sus pensamientos, experiencias plenas tanto en su interior como en su entorno.

El ser humano se siente en abundancia cuando está conectado a su fuente, reconociéndose parte del todo, de la creación, de la sociedad, de la familia y de sí mismo. La persona no se identifica separada de los demás, por tanto, no experimenta soledad. Su esencia está más vinculada con el ser y no tanto con el tener, ya que trasciende la materia. El aspecto material es importante, pero no define a la persona. Y aun cuando materialmente tenga poco, su sentido de abundancia puede ser grande ya que la pobreza no es material, es espiritual.

Necesitamos reconocer que ya somos abundancia. Somos semejanza a la grandeza de Dios. Se nos han dado dones, talentos y facultades únicas para cultivarla y expandirla. La mentalidad del abundante es tomar las oportunidades que llegan, pero sobre todo crearlas. A veces esperamos que las cosas ocurran, cuando en realidad podemos hacer que sucedan y se manifiesten.

Todo inicia en nuestra mente. Cuando logras algo en tu vida primero pasó por tus pensamientos: "deseo estudiar esto". Luego tomaste acción y lo alcanzaste, por eso es importante revisar tu autodefinición de abundancia: ¿Qué me produce llenura, plenitud y satisfacción? Podrías escribirlo, clasificándolo en el ámbito personal, laboral, afectivo o social. También es importante analizar donde está tu atención, si en la abundancia de lo que hay o en la escasez de lo que falta.

A veces podrías sentir tu vida vacía, escasa e insatisfecha. Esto incide en lo que atraemos. Todo lo que llevamos en nuestro interior tendemos a verlo afuera y por ende a atraerlo, consciente e inconscientemente.

Cuando vivimos en la abundancia emanamos del amor, cuando nos movemos en la escasez partimos del miedo. Muchas personas no comparten lo que tienen por miedo. Si es algo material, suelen pensar: "si doy de esto se me puede acabar", y si se trata de su conocimiento, pueden creer: "se me pueden copiar la idea".

¡Nos cuesta comprender que hay abundancia para todos! Tu abundancia no se acaba porque compartas con otros. Por el contrario, se multiplica. Muchas madres, por ejemplo, han creído alguna vez que no amarán a su segundo hijo como aman al primero. Cuando el segundo bebé llega se dan cuenta que el amor es igual de grande.

La naturaleza siempre nos alecciona y habla de abundancia. Lo vemos en la infinidad de estrellas, en las gotas del océano, en los granos de arena del mar. Toda esta abundancia y grandeza el ser humano también la lleva dentro pues somos reflejo y unidad con todo.

La abundancia se enriquece a través de una vida interior donde se alimenta la fe, la esperanza y el optimismo. Cuando emanamos de esa fuerza superior que nos impulsa, se abren las oportunidades, la creatividad brota naturalmente y nos convertimos en cocreadores y colaboradores de luz en este mundo. Nuestro nivel de vibración energética se eleva, superando el miedo y atrayendo a nuestra vida personas y experiencias semejantes a esa frecuencia energética.

Algunas herramientas prácticas para cultivar la abundancia mental son:

- Las afirmaciones. Son declaraciones poderosas que salen de nuestra boca. La Biblia testifica que la palabra tiene poder. Afirmamos todo aquello que deseamos ver manifestado en nuestra vida: "estoy protegido", "tengo salud perfecta", "atraigo grandes oportunidades", "mis relaciones son armoniosas". Estas afirmaciones deberán ser cortas (cinco palabras máximo), formuladas en primera persona, dichas en positivo y en tiempo presente. Podrías también escribirlas y pegarlas en lugares visibles para leerlas constantemente. Esta técnica se utiliza mucho en atletas olímpicos para afirmar lo que desean. Una gran maestra en el tema de afirmaciones fue la autora estadounidense Louise Hay, quien cuenta con centenares de afirmaciones de autoayuda, crecimiento personal y motivación.

- Las visualizaciones. Consisten en imaginar visualmente lo que deseamos. Lo recreamos en nuestra mente procurando incorporar la mayor cantidad de detalles y sensaciones para que el cerebro pueda grabar y programar. El trabajo no solo es mental, se necesita también sentir lo que estamos recreando. Por ejemplo, podríamos vernos en el trabajo que deseamos, entrando a la empresa con el uniforme de la misma. Recreamos mentalmente la experiencia, las sensaciones y emociones de lo que estamos visualizando. Esta técnica también se utiliza con los atletas olímpico antes de una competición.

- La gratitud anticipada. Esta forma de agradecer se realiza de antemano, dando por sentado que ya lo hemos alcanzado.

Si estuvieras buscando la aprobación de un préstamo podrías todos los días orar: "gracias por ese valioso préstamo que pronto tendré". Cuando agradecemos sentimos esa inmensa gratitud y certeza que es así. Lo creemos y creamos primeramente en nuestro interior para que luego se manifieste en las circunstancias.

La abundancia es parte de nuestra esencia. La manifestamos y la expandimos en la medida en que creemos que es parte nuestra. La mente, a través de los pensamientos, desempeña un papel importante ya que ellos construyen nuestra realidad, haciéndonos sentir que estamos en la escasez o la abundancia. Debemos, por tanto, tomar consciencia de que ya contamos con esa grandeza y solo requerimos cultivarla y expandirla para vivir como deseamos.

Resumen de las prácticas que entrenarán tu mente para lo que deseas

1. Cambio de chip: desaprender lo inútil y reaprender lo útil

- Reflexiona sobre todo aquello que te gustaría desaprender en tu forma de percibir a las personas y las circunstancias.

- Analiza qué cosas podrías reaprender para vivir con menos miedo, juicio y sentido de separación de los demás.

- Observa qué creencias te han limitado hasta ahora y cuál ha sido su origen.

2. Una mente libre de estrés

- Medita sobre aquellos pensamientos repetitivos que son tus principales detonadores de estrés.

- Observa lo que tu mente consume y cómo esta información puede repercutir en tu bienestar.

- Examina qué patrones de pensamiento afectan tu calidad de vida

- Construye una rutina diaria basada en herramientas que te ayuden a canalizar mejor tu estrés y a vivir con mayor paz interior (técnicas de relajación, respiración, meditación).

3. **Entrena tu mente con disciplina y manejo eficiente del tiempo**

- Reflexiona sobre la importancia de ser disciplinado y manejar tu tiempo de forma eficiente: ¿Qué tanta disciplina hay en tu vida?, ¿estás cuidando tu valioso tiempo?

- Practica las herramientas sugeridas, tanto para fortalecer tu disciplina como para el mejor manejo de tu tiempo en tu rutina diaria.

4. **Crea una mente abundante, cultiva lo positivo**

- Haz una lista de lo que es verdaderamente abundancia en tu vida.

- Construye tus propias afirmaciones, visualizaciones y prácticas de gratitud anticipada para cultivar una mente abundante.

Capítulo VI:
Responsabilizándote emocionalmente de tu vida

No somos responsables de lo que sentimos,
pero sí de lo que hacemos con ese sentir.

Hazte cargo de tu felicidad y desdicha

Tendemos generalmente a buscar la felicidad en el tiempo equivocado. La postergamos dejándola para el futuro: "seré feliz cuando tenga esto, consiga aquello, pase esto o venga lo otro". Creemos que la felicidad es una meta, dejando pasar la dicha del momento presente y de las cosas sencillas y ordinarias del día a día. La esperamos como un gran acontecimiento o un golpe de suerte que llegará tarde o temprano. Nos cuesta concebirla como algo simple como tomar un café contemplando la lluvia, observar las estrellas junto a alguien especial o caminar por el bosque apreciando el frescor y la vegetación. Entonces, como ese trascendental suceso nunca llega, sentimos que nuestra vida es infeliz.

Depositamos la felicidad en el lugar equivocado, casi siempre afuera de nuestro ser, en personas, cosas o circunstancias que por un momento llenan nuestro interior de alegría, pero eventualmente volvemos a nuestro mismo estado anterior. Creemos que nos hará feliz nuestra pareja, el trabajo, los hijos, el dinero, el prestigio, los viajes. Y vamos así asociando el bienestar con algo que está afuera y no dentro de nosotros.

Cuando no te haces cargo de tu propia dicha y la pones afuera, corres el riesgo de que, si algo afuera falla, tu felicidad también falla. Creer que la pareja o los hijos son los que nos hacen felices tiene dos implicaciones importantes: en primer lugar, cargas a ellos emocionalmente dándoles una gran responsabilidad que quizás no puedan asumir. En segundo lugar, al no responsabilizarte de tu propia dicha, no buscas qué hacer para contribuir a ella, ya que, desde esta visión, son ellos quienes deben hacer todo para que estés bien.

Por eso las parejas deben ser plenas tanto solas como juntas. Los padres de familia deben hacer su vida tan dichosa con o sin sus hijos. ¿Qué harás el día que tus hijos y tu pareja ya no estén? Sabemos que nada es permanente y que todo puede cambiar de un momento a otro.

Colocar el sentido de tu vida afuera hace también que el día en que las cosas cambien, todo se tambalee. Por esta razón, cuando vino la pandemia del Covid-19, la vida de miles de personas dejó de tener sentido. Muchos cayeron en tristeza, ansiedad, depresión, pues todo lo que le daba valor a su vida estaba afuera y era difícil alcanzarlo. El confinamiento hizo que conviviéramos sin más opciones con nuestro propio ser, renunciando a todo lo que afuera aparentemente nos daba alegría.

Paradójicamente, en ocasiones nos quejábamos de no tener tiempo libre para descansar u ocuparnos de asuntos personales. No obstante, cuando llegó la oportunidad de estar más tiempo en casa —sobre todo los fines de semana— debido a esta crisis sanitaria, algunos sintieron ansiedad al no saber qué hacer con su tiempo libre y su falta de control sobre la situación. Esta crisis vino a aleccionarnos para comprender que el bienestar no depende de las circunstancias externas, sino solo de nuestra actitud.

Identificarnos con lo que hacemos en lugar de lo que realmente somos, también tiene algunos riesgos. Algunas personas que dependen de su cuerpo para ejercer su profesión, deben cuidar de no caer en la trampa de creer que son su cuerpo. Puedes ser acróbata, bailarín, modelo, atleta, entre otros oficios. ¿Qué ocurrirá cuando llegues a la vejez y tu cuerpo ya no haga lo que solía hacer? Si te has sobreidentificado con el cuerpo podrías entrar en una crisis de identidad: ¿quién soy realmente?, ¿y ahora qué hago sin poder hacer lo que mi cuerpo hacía?

Buscar la felicidad afuera es exactamente lo mismo que buscar la desdicha fuera de tu ser. Creemos por ejemplo que la situación del país, las deudas, el jefe o la pandemia "nos tienen mal". Cuando asumimos esto, responsabilizamos a otras personas (conocidas o desconocidas) y a otras circunstancias de sentirnos desdichados. Al igual que con la felicidad, como los responsables están afuera, no me corresponde hacer nada más que esperar a ver si las cosas mejoran y cambian.

Debemos estar conscientes que nuestras insatisfacciones son internas y tienen que ver con nuestra historia de dolor, percepciones, conceptos erróneos de felicidad, traumas y conflictos desatendidos, vacíos emocionales y frustraciones no resueltas. No sigas creyendo que tu desdicha se debe a terceros.

Todo lo que te irrita de los demás es aquello que no toleras de tu ser mismo. Cada vez que algo o alguien te incomode tienes enfrente un espejo, una oportunidad para verte de frente y reflexionar: ¿Qué tiene que ver esto conmigo?, ¿qué tiene esta persona que yo también tengo? Si optas por este análisis, las personas y circunstancias se convierten en maestros, y en lugar de rechazarlas te sentirás agradecido por tenerlas para cambiar algo en tu vida.

Existe también un programa mental bien instalado orientado a culpar a otros. El impulso siempre va hacia los demás y no hacia uno mismo. Desde niños decimos: "yo no fui, fue él", "fue su culpa...". Enseñar la autorresponsabilidad debería ser una tarea de los padres de familia desde la infancia; instruir a los niños a ver responsablemente sus actos y las consecuencias de los mismos son un gran reto pendiente como sociedad. Enseñarles a no acusar, señalar o culpar a otros niños, sino a reflexionar e indagar sobre su cuota de responsabilidad ante lo ocurrido.

Cierto día alguien me dijo: "amiga, el diablo anda desatado desbaratando matrimonios". Yo muy sorprendida le pregunté: "¿Quieeeén?" Ella me respondió: "el diablo, amiga, el diablo". Mi respuesta fue muy simple: "¿El diablo o los y las irresponsables que descuidan sus relaciones y se les baila el ojo con la primera persona que pasa?" Ella sonrió y me dijo: "tenés razón".

Es muy común decir que el diablo nos ocasionó el mal y como la culpa es de él, nos libramos de responsabilidad en esta separación, divorcio o discusión. Las parejas tienden a enfocarse en los errores del otro o a culpar a la persona con quien se le fue infiel. Pocos hacen una reflexión interior de la autorresponsabilidad, lo que hace que los errores cometidos se trasladen a otras relaciones y así tengan múltiples parejas a lo largo de la vida. Cuando esto ocurra pregúntate: ¿Qué ocurrió?, ¿cuál fue mi responsabilidad en este asunto?, ¿qué pude haber hecho mejor?, ¿cómo he contribuido para que esto ocurriera? Esta reflexión y sentido de autorresponsabilidad es lo que necesitamos y lo que nos llevará a tomar acción para construir relaciones más sanas y conscientes.

Usamos también el nombre de Dios cuando solemos decir: "fue la voluntad de Dios", "ya Dios lo quiso de esta manera". Este fue el caso de un joven que se accidentó y a raíz de su accidente quedo parapléjico, sin poder caminar. El joven iba conduciendo en estado de ebriedad cuando se accidentó, pero nos parece que fue la voluntad de Dios que ocurriera tal tragedia.

Requerimos romper el círculo de buscar culpables afuera. Debemos llevar nuestra mirada hacia adentro, activar nuestro sentido de autorresponsabilidad y de acción para cambiar lo que requiere cambios.

La reflexión aquí es darnos cuenta de que todo ocurre adentro. Esta visión nos permite ser responsables y hacer algo por cambiar nuestras circunstancias. Tu felicidad y desdicha son tuyas. En tus manos está hacer algo por ellas.

Vivir sin victimizarse y sin culpar al pasado

La culpa no solo la tiramos a otros, sino también al pasado. Puede que justifiquemos nuestro comportamiento: "soy agresivo porque así era mi padre cuando nos golpeaba". O puedo también decir: "mi vida es una desgracia porque en mi infancia fui abusado/abandonado/maltratado".

Cada vez que justificas algún comportamiento acusando a tu pasado, te conviertes en víctima. Estas personas no tienen la oportunidad de cambiar, ya que toda su energía está enfocada en los lamentos, su atención está en el pasado y no en el presente. La víctima se aleja de la posibilidad de ser ese protagonista para transformar sus circunstancias y superarlas.

Cada ser humano ha vivido lo que necesita para alcanzar la misión por la cual ha venido a este mundo. Por más duro o difícil que sea lo que vivamos, esto siempre nos ayudará a llegar a donde debemos estar. Ninguna circunstancia es una pérdida por completo, siempre tiene algo para formarnos.

Cuando veas a alguien en dolor, no le tengas pesar ni lástima porque lo debilitas. Es mejor enviar una oración, todas tus fuerzas y pensar que lo que está viviendo es parte de un plan perfecto que lo llevará a un nivel de consciencia superior al que estaba. Esta verdad me ayudó mucho cuando pensaba en la historia de mis hijos, quienes pasaron por tantas cirugías y hospitalizaciones. Por un tiempo esto me pesaba, luego logré soltar y entender que esto les daría fuerza, formación y sentido a sus vidas.

No somos producto de nuestras circunstancias, somos producto de nuestras actitudes y de cómo hemos podido sobrellevarlas, superarlas e integrarlas sabiamente. El dolor puede llegar a ser tu mejor maestro. Sea lo que fuere que hayas vivido, bendice siempre tu pasado y responsabilízate de tu presente.

Es tu responsabilidad soltar lo que cargas

Todos los seres humanos cargan, consciente o inconscientemente, dolor. Algunos deciden taparlo, esconderlo o disimularlo, creyendo que ya despareció, pero siempre está ahí si aún no lo has trabajado.

Pasé muchos años callando, guardando y cargando un dolor sin darme cuenta. Lo hice para no enfocarme en este, en el pasado, en lo negativo, renunciando a mi condición humana, a sentirme frágil, a mi necesidad de hablar, llorar y procesar lo sucedido. Una necesidad que muchas veces reprimen hombres y mujeres, sobre todo los primeros.

Hace unos años varias personas nos insistieron a mi esposo y a mí que viéramos en el cine la película "Milagros del cielo". Decidimos ir sin saber qué esperar. La película me hizo revivir en cada escena el siguiente capítulo de mi vida.

Como ya lo he mencionado, mi segundo hijo Jacob nació muy sano, aunque inesperadamente con cataratas al igual que su hermano mayor, lo cual significó un golpe fuerte. Pero además, cuando Jacob cumplió tres meses de vida, en lugar de comer y dormir mejor como todos los bebés, ocurrió lo contrario, retrocedió. El niño no era capaz de dormir más de dos horas seguidas de día o noche, no era capaz de tomar más leche, no crecía con normalidad, tenía seis meses y presentaba el peso y talla de un bebé de dos.

Jacob cayó en desnutrición grado 2 y se desconocía la causa. Los doctores sugerían una y otra recomendación, pero la solución nunca venía. Me sentía cansada físicamente, eran ya siete meses sin dormir, de incertidumbre, luchando para hacer que el bebé comiera y creciera. Recuerdo haber ido de doctor en doctor, visité naturistas, fui a Costa Rica y hasta donde un curandero. La desesperación porque Jacob mejorara era grande y la luz al final del túnel no se veía.

Un día llegamos donde el doctor Palacio, gastroenterólogo pediatra, el ángel que nos dio la luz, el mismo ángel que vi en la película "Milagros del cielo". Empezamos una relación cercana. En una endoscopía y colonoscopía que él le practicó a Jacob pude ver con mis propios ojos el estómago y los intestinos de mi bebé desbaratados, llenos de llagas y sangre; se trataba de gastritis y colitis crónica a causa de alergia alimentaria. Mi hijo llevaba meses sufriendo en silencio.

Empezamos por varias semanas un fuerte tratamiento, pero Jacob no mejoraba; por el contrario, entró en una crisis severa en la que dejó de comer por completo y empezó a vomitar lo que ingería. Su cuerpo había entrado en un estado de acidosis metabólica y ante la urgencia nos hospitalizaron en Managua.

La internación estaba supuesta a durar tres días, pero pasada la primera semana en el hospital Metropolitano Jacob no presentaba mejoría, razón por la que nos sugirieron sacarlo de Nicaragua. Y así fue como llegamos al Holtz Children Hospital de Miami, dejando a nuestro hijo Julio, de apenas tres años, al cuido de mis suegros.

Llegar a un hospital de Estados Unidos prometía esperanza, la posibilidad de encontrar respuestas y la ansiada cura para Jacob después de ocho meses. Sin embargo, encontramos lo contrario: recibimos maltrato de la mayoría de las enfermeras, frialdad y negligencias médicas. Por nombrar una de las peores, en una ocasión metieron a Jacob a un procedimiento bajo anestesia general y dentro del procedimiento entre todo lo que harían olvidaron ponerle un catéter que permitiría extraerle sangre para los múltiples exámenes que se le hacían. ¡Lo olvidaron, y yo como madre lo presentí! Cuando salieron del quirófano, antes de preguntar por Jacob, pregunté por el catéter, y efectivamente lo habían olvidado.

Ese mismo día tuvo que volver a entrar a sala y recibir por segunda vez en cuestión de horas anestesia general. Mi hijo pudo haber muerto con dos anestesias y un ayuno de 12 horas, en estado de desnutrición.

Jacob ya no tenía venas de tantas canalizaciones. Recuerdo una vez tenerlo sostenido junto con dos enfermeras durante una hora y media en una camilla, para poder encontrarle una vena en los brazos o en los pies y canalizarlo. Pasaron varias enfermeras pinchándolo hasta cuatro veces cada una y nadie encontraba una vena… todas estaban ya reventadas de tanta hospitalización. Recuerdo ver a una enfermera llorar al observar que yo lo único que hacía era cantarle a Jacob en el oído, mientras él llevaba una hora dando gritos de dolor, crucificado en esa camilla.

Me había vuelto inmune al dolor, todo mi sistema estaba en guardia y lo único que hacía era responder como si nada sucediera a mi alrededor. Una tarde entró el cuerpo médico al cuarto y nos dijeron que posiblemente Jacob tenía, al igual que su hermano, un síndrome que los haría vivir solamente hasta los 30 años. Esa noche junto a mi esposo fue de silencio y dolor; solo me preguntaba cómo podría en 30 años hacerles la vida mejor a mis hijos. Afortunadamente el diagnóstico resultó ser incorrecto.

Las semanas pasaban y Jacob no mejoraba a pesar de que los exámenes salían normales. No había diagnóstico pero el bebé seguía vomitando, bajando de peso y no podía alimentarse por boca. El cansancio físico de dormir por varias semanas en los sillones del hospital, la mala alimentación, la distancia, la incertidumbre y el ambiente hospitalario tan frío nos estaban aniquilando.

Lo más duro era tener un hijo lejos, quien después de la tercera semana decidió no hablar más por Skype con nosotros. En su mundo de niño, papá y mamá lo habían abandonado, una percepción que confirmé cuando seis meses después, cada vez que yo salía de la casa, Julio me preguntaba con insistencia si regresaría.

Mientras vivíamos todo eso siempre tuve la certeza de que nuestra vida mejoraría. Nunca perdí la fe, pero sí recuerdo haberle dicho a Dios que estábamos peleados: "no quiero saber ya nada de vos, estoy resentida, ¿con qué necesidad tanto sufrimiento?". Meses más tarde nos reconciliamos como dos grandes y viejos amigos.

Después de estar casi un mes en el hospital de Miami sin solucionar el asunto, nos llegó a recoger un avión ambulancia para movilizar a Jacob a uno de los mejores hospitales de niños de los Estados Unidos. Se trataba del Boston Children Hospital, el mismo hospital que aquella noche había visto en la película "Milagros del cielo".

Al llegar a ese hospital algo cambió. Jacob dejó de vomitar, empezó a comer por boca, lo desconectamos de la máquina de alimentación, le quitaron la canalización y el catéter. Al estar libre lo llevamos al jardín del hospital y al ponerlo sobre el césped por primera vez en su vida empezó a gatear. Fue un momento muy conmovedor.

Regresamos a Nicaragua después de un mes y medio. Jacob nunca más volvió a tener crisis ni problemas gástricos. Es un niño muy sano, no hay ninguna secuela y esto para mí ya es un milagro.

Cuando regresamos del viaje, mi esposo y yo decidimos darle vuelta a la página. Casi nadie supo lo que vivimos día a día en los hospitales; de hecho, a los diez días de haber regresado me di cuenta de que estaba embarazada de Joaquín. Esto significaba que entraba a una nueva etapa, necesitaba estabilidad emocional en mi embarazo y no había espacio para estar triste, llorar, recordar o resolver lo que había sucedido con Jacob.

Sentarme aquella noche en el cine y ver la película fue como si me hubiesen dicho: "hicimos una cinta de tu historia con Jacob, siéntate y disfrútala". La película revela todo lo que aquí narré, era verme como esa madre y ver a Jacob como la hija. Lloré de principio a fin, fue revivir una historia que había enterrado sin procesarla y sin despedirme de ella.

Al salir del cine lloré nuevamente en el carro y luego en mi casa una hora más a los pies de la cama de Jacob, que dormía profundamente. Mi esposo me miraba en silencio e imagino que seguramente pensaba "¡pero si la película ya terminó!". Sin embargo, yo no podía parar de llorar, hasta que llegó un punto en que me dolían los ojos, entré en razón y dije "¿qué me pasa?, ¿qué es esta loquera?, ¿por qué sigo llorando? ¡La película ya acabó!"

En ese momento, no tengo ninguna duda, Dios me respondió en mi mente: "no estás loca, estás siendo sanada. Lo que viviste con Jacob fue un trauma grande que quisiste tapar. Esta es una espina que has tenido dentro y que, al yo sacarla, aún causa dolor".

Con estas palabras me fui quedando dormida poco a poco, en paz. Al día siguiente Jacob despertó a las 8:00 a.m.; nunca antes lo había hecho, siempre despertaba alrededor de las 6:00 a.m. Cuando una madre es liberada del dolor de un hijo, el hijo es también liberado. Estamos conectados. En fe sé que Jacob hoy está más sano emocionalmente que el día antes de la película.

La vida se vale de cualquier persona o circunstancia para sanarnos. Muchas veces creemos que los traumas ocurren solo en la infancia, pero las experiencias que vivimos de adultos también pueden ser muy dolorosas y si no las trabajamos, sacamos y lloramos, estarán ahí adentro haciendo peso en nuestra vida. Cuando ese dolor está congelado y no tiene mecanismos de salida, eventualmente sale como un grito por el cuerpo en forma de enfermedades.

Si hay experiencias dolorosas en nuestra vida podemos también tener bloqueos emocionales: "estoy bien", "ya lo superé", "ya pasó", "no siento que necesite ayuda". Al encubrir las emociones, creemos que vamos adelante, pero sin notarlo vamos hundiéndonos. Empezamos a tener múltiples duelos que hacen que vayamos por la vida con una mochila emocional pesada, que nos va limitando poder vivir plenamente.

La invitación para crecer interiormente es ver qué hay en nuestra mochila emocional. Es ir hacia adentro con valor y ver qué cargamos en forma de dolor, qué experiencias de nuestra vida adulta aún no están resueltas y están ahí, escondidas, haciendo peso. Requerimos conectar con nuestras experiencias guardadas y con mecanismos de liberación emocional para sacar el dolor de ese adulto herido.

Para ser libres requerimos ir por la vida livianos, sin equipaje y sin cargas. Soltar lo que cargamos es nuestra responsabilidad; por ello, depende de nosotros mismos vivir plenamente.

Asumiendo las emociones y decisiones propias

En nuestro caminar nos cuesta hacernos responsables de lo que sentimos y por eso solemos culpar a los demás: "me humillaste", "me atacaste", "me agrediste". En realidad nadie nos hace nada, nosotros podemos decidir qué y cómo recibir lo que nos llega. Podríamos eliminar la palabra "me", ya que nadie nos hace nada. Esto nos encamina a la titánica tarea de no tomarnos las cosas de forma personal.

Cuando tomamos todo personal sufrimos innecesariamente. Es importante tener claro que cuando algo te ofende de otra persona, habla de sí misma y no de tu ser. Tal es el caso de la persona que llega tarde a la reunión que convocaste, no solo llega tarde a tu reunión, llega tarde al médico, a la fiesta, a la iglesia. La persona es así, así se comporta con todos. Sus actos hablan de él o ella.

Siempre que pienses que te hicieron algo, intenta hacer un alto y preguntarte: ¿habrá hecho esto intencionadamente hacia mí? Entonces te darás cuenta de que la mayor parte del tiempo no es así. Cada quién da la que puede y tiene, se trata de ellos.

Tengo una amiga de infancia a quien amo mucho y después de tantos años comprendí su proceder sin tomármelo personal. Ha sido una persona que ha sufrido mucho y por ello sus relaciones tienden a ser disfuncionales e inestables. Durante temporadas desaparece, no responde el teléfono, puede dejarme plantada y hasta olvidar las fechas más importantes. Cuando ella está mal, regresa a mí en busca de ayuda. ¿Podría tomarme esto a pecho? Hace muchos años sí. Sin embargo, me tomó tiempo madurarlo hasta que entendí que había desarrollado un amor incondicional hacia ella, acepté sus limitaciones para dar y decidí recibirla con todo cariño cuando ella me necesitara.

Por otro lado, el tema de nuestras decisiones tiene un gran papel en la autorresponsabilidad. Cada vez que tomamos una decisión debemos estar conscientes de sus consecuencias. Siempre piensa: ¿cómo me sentiré con esta decisión?, ¿cómo me afectará a mí y a los demás?, ¿qué pasaría si no ocurre lo deseado?, ¿cuáles son los diferentes escenarios una vez tomada esta decisión? Cuanta más consciencia tengas de esto, más listo estarás para tomar la decisión acertada y asumir lo que venga después.

Muchas personas no son conscientes de la responsabilidad de decidir. Cuando las cosas no salen como han esperado, instintivamente activan su alarma de búsqueda de culpables afuera. Podemos fácilmente decir: "mi negocio fracasó por la situación económica del país, por la competencia, por mis socios...". Siempre antes de ver hacia afuera pregúntate: ¿verdaderamente hice todo bien?, ¿qué pudo haber sido mejor?, ¿hice un buen modelo de negocio, publicidad o estudio de mercado? Y entonces puede ser que te des cuenta de que cometiste algunos errores.

Estas experiencias reflexivas son importantes porque les dan mayor significado a las pérdidas. Es vital entender que el fracaso no es malo, sino que es aleccionador, nos enseña lo que no debemos repetir en el futuro. Tus decisiones deben ser tomadas de manera consciente y con calma. Siempre que decidas, hazte cargo de esa decisión y de todo lo que ella traerá; así tu sentido de responsabilidad sobre la misma será mayor.

Para decidir podrías utilizar todos los canales receptivos con que contamos. Podrías preguntarte:

- ¿Qué dice mi mente sobre esta decisión?, ¿es racional?

- ¿Qué siente mi corazón con esta decisión?, ¿siento amor?

- ¿Cómo recibe mi cuerpo esta decisión?, ¿siento comodidad o incomodidad?

- ¿Qué dice mi intuición sobre esta decisión?, ¿hay paz interior?

Hacer esta revisión integral nos ayudará a tomar una decisión más acertada.

Otro asunto importante para decidir es valorar desde dónde lo haces: desde el miedo, desde el qué dirán, desde el orgullo y resentimiento, o desde el amor.

Recuerdo que una vez me invitaron junto a un grupo de unas 15 personas a un viaje de aventura. En aquel tiempo, el volcán Masaya de Nicaragua estaba cerrado al público de noche. Me ofrecieron hacer una gira nocturna con un guía, pero en vista de que era prohibido, teníamos que ir con mucha cautela, prácticamente escondidos para que no nos vieran los guardabosques del volcán.

Cuando me hicieron la propuesta, mi primer instinto fue de miedo y me dije a mí misma que mejor no iba. Después de pensarla casi un día entero, me di cuenta de que estaba decidiendo desde el miedo; que la aventura, aunque tenía sus riesgos, valía la pena y que no debía perder la experiencia. Al final decidí ir, consciente de que si algo pasaba yo lo había decidido y no podría culpar a nadie por lo acontecido.

Llegó el día de la aventura y en verdad puedo decir que fue una de las experiencias más bellas que he tenido en la naturaleza. El grupo era encantador así que los buenos chistes y comentarios sobraban. Caminar varias horas en fila india para llegar al cráter del volcán bajo la luna, con el rocío de la noche y en total silencio para que no nos encontraran, fue una experiencia inolvidable.

Recuerdo haber sentido nervios, emoción y mucha mística. La experiencia me transportó a sentirme de diferentes formas: como migrantes cruzando veredas de noche, como prófugos, como guerrilleros... Fue una mezcla de sensaciones que aún resuenan en mi pecho. La odisea llegó a su clímax cuando, después de caminar varias horas, alcanzamos la ansiada cima del volcán. Llegar ahí fue poder apreciar el poder de la madre naturaleza, el fuego ardiente e imponente en forma de lava y magma.

Para apreciarlo teníamos que subir de dos en dos a una piedra mientras los otros esperaban escondidos, por los guardabosques. Cuando llegó mi turno, sentí que subía a un altar sagrado, me sentí pequeña pero poderosa al observar una piscina de fuego que rugía en medio del silencio de la noche. Ese fue el momento en que mi decisión se coronó y dije: "gracias por estar aquí". Fue uno de los momentos más místicos de mi vida.

Tus decisiones tomadas desde el temor pueden llevarte a perderte las mejores oportunidades y experiencias que la vida quiera regalarte. Hay personas que, por miedo, dejan ir el amor de su vida, la oportunidad de un negocio o una amistad. Siempre analiza desde dónde decides y responsabilízate de lo que venga con tu decisión.

Resumen de las prácticas para responsabilizarte emocionalmente de tu vida

1. **Hazte cargo de tu felicidad y desdicha**

   • Reflexiona y escribe sobre la búsqueda de tu felicidad:

     · ¿La buscas en el presente o en el futuro?

     · ¿En personas y eventos externos o dentro de tu ser?

     · ¿En lo simple o en algo grande e inesperado?

   • Sobre tu desdicha:

     · ¿A quiénes responsabilizas de tu malestar?

     · ¿Cuál es el origen de tus insatisfacciones y qué podrías hacer al respecto?

     · ¿Qué tanto responsabilizas a Dios de los duros momentos que has vivido?, ¿qué tanto a terceras personas, inclusive a desconocidos?

2. **Vivir sin victimizarte y sin culpar a tu pasado**

   • Ahonda en estas preguntas:

     · ¿Justificas tus comportamientos como consecuencia de lo vivido en tu pasado?

     · ¿Te has sentido en algún momento como víctima?

     · ¿Sientes pesar o lástima por otros?

3. **Es tu responsabilidad soltar lo que cargas**

   • Siente desde el corazón qué experiencias difíciles has vivido y si podrías andar cargándolas:

     · ¿Qué no has liberado aún?

- ¿Qué peso tiene esto y cómo te afecta?

- ¿Cómo podrías trabajarlo?

4. Asumiendo las emociones y decisiones como propias

- Cada vez que vayas a tomarte algo personal pregúntate: ¿esto tiene que ver conmigo?

- Al decidir, practica la escucha de los cuatro canales receptores de información: cuerpo, mente, corazón e intuición.

- Cuando tomes decisiones, haz una lista de las consecuencias de estas, tanto las que te afectarán como las que repercutirán en terceros.

Capítulo VII:
Fortaleciendo tu espíritu

"No somos seres humanos viviendo una experiencia espiritual, somos seres espirituales viviendo una experiencia humana". P. T. de Chardin.

Trabajar de adentro hacia afuera

Los seres humanos somos espíritu; sin embargo, nos hemos identificado mucho con la materia, con lo humano y lo físico. Estamos muy atentos a la forma, a lo tangible, a la apariencia de las personas, cosas o circunstancias.

En todas las ciudades del mundo existen centros de entrenamiento físico como gimnasios, centros de artes marciales, de danza o de boxeo. El entrenamiento es muy oportuno y necesario, pero es insuficiente. Sería oportuno que en esa misma proporción existieran también centros de entrenamiento espiritual, lugares donde las personas puedan llegar a entrenar el espíritu, a hacer silencio, meditar, recibir terapia, tener grupos de ayuda e intervención en crisis y asistencia de 24 horas en casos de emergencia.

Estamos la mayor parte de nuestra vida en la periferia, afuera, enfocados y trabajando en cómo nos vemos: la ropa, el cuerpo, el cabello, las uñas… Nos centramos en el orden y limpieza de nuestra casa, oficina o en el estado de nuestro vehículo. Sin embargo, poco vemos hacia adentro: ¿cómo estoy?, ¿cómo me siento?, ¿cómo pienso?, ¿cómo está mi corazón?, ¿qué tan claras están mis ideas y percepciones?, ¿tengo conflictos no resueltos? Estamos distraídos afuera y nos toca ir más hacia adentro.

Generalmente nuestro enfoque está en el trabajo, los resultados tangibles, el dinero, los números, los indicadores, en lo que ocurre en el mundo o en las redes sociales. Nuestra atención y voluntad se centra ahí porque así hemos aprendido a hacerlo. Esta inclinación al mundo exterior nos distrae, hace que apartemos nuestra mirada de lo interior y por tanto que exista un vacío.

Hay un mundo mucho más rico y profundo cuando estamos en el centro. Es ese universo interno donde empezamos a prestar atención a nuestros patrones de pensamiento, a la información que podemos tener en el inconsciente. Nos abrimos al mundo del autoconocimiento, a observar las emociones y a palpar cómo está nuestro espíritu. La vida aquí se vuelve más consciente y por tanto más llena de sentido y satisfacciones.

El equilibrio entre la materia y el espíritu es imprescindible para tener una existencia plena y exitosa. El trabajo de crecimiento y desarrollo personal debería iniciar de adentro hacia afuera. Primero "ser" para luego "hacer" lo que deseamos. Necesitamos ofrecerle a nuestro ser la oportunidad de crecer desde adentro, ya que cuando nuestro espíritu es fuerte, todas las demás áreas de nuestra vida se fortalecen.

Un espíritu fuerte se traduce en voluntad, motivación, creatividad y disciplina para bañar las otras áreas de nuestra vida. La persona que emana desde adentro es por lo general integralmente estable y exitosa en todos los ámbitos de su vida.

Cuando trabajamos de adentro hacia afuera escuchamos más nuestra voz interior, vivimos más acorde a nuestra esencia, la que nos lleva a la plenitud y a la realización que buscamos como seres humanos.

Ser versus Hacer

En el mundo espiritual y del desarrollo personal es importante trabajar desde el ser. Generalmente nos enfocamos en "hacer" muchas cosas en la vida para llegar a "ser" alguien, cuando en realidad el punto de partida es que ya somos alguien para hacer lo que deseamos. Cuando la persona se siente plena y completa, tiene más claro lo que desea y posee más voluntad y enfoque para alcanzarlo.

La sociedad nos ha enseñado a vivir en el "hacer". Desde niños nos dicen: "haga su cama", "haga su tarea", "haga esto o lo otro". El adulto trae bien establecida esa información y cree que siempre debe estar "haciendo" algo, de lo contrario se sentirá inútil o improductivo.

Creemos que el éxito en la vida está en hacer muchas cosas. Se valora a aquellas personas extremadamente activas, funcionales y destacadas por tener múltiples habilidades y actividades. Sin embargo, una vida extremadamente activa puede producir desgaste, estrés, desbalance y desconexión con lo verdaderamente importante.

Una persona muy activa en ocasiones puede ser alguien que tenga muchos vacíos o asuntos pendientes, que buscan ser cubiertos con actividades que evaden su realidad. Esa persona evita consciente o inconscientemente ir hacia adentro, por temor a lo que pueda encontrar, para no sufrir o para evitar complicaciones que cree "innecesarias".

La vida desde el ser es diferente, no hay tanto ruido ni agitación mental. Una persona que vive desde el ser toma más tiempo para ser y estar consigo misma aun, cuando tenga muchas ocupaciones y responsabilidades. Es capaz de tener momentos de solitud, reflexión y silencio. Estas personas han encontrado un equilibro entre el hacer y el estar, disfrutando momentos de quietud; sus agendas han priorizado y propiciado estos momentos, pues saben que son una excelente recarga de energía espiritual.

Cuando priorizamos el ser y estar tomamos más tiempo para convivir con nosotros mismos. La vida lleva menos prisa, más pausas, más observación, una mirada interior más profunda. La persona se da más tiempo para estar a solas disfrutando. Por ejemplo, contemplar un amanecer, una caminata, un descanso reflexivo, acompañar a otra persona en silencio o escuchar música. Este estilo de vida potencializa el autoconocimiento, desarrolla la creatividad, la atención, la intuición y aumenta la paz interior.

El "ser" y el "hacer" en la vida del humano necesitan nivelarse. Esto lo he visto también en el mundo corporativo, donde el empresario tiende a invertir más en su colaborador en capacitaciones del hacer (habilidades duras y técnicas) que en el ser (habilidades blandas).

Sin embargo, por dicha hay cada vez más consciencia de que cuando una persona es interiormente fuerte y plena, y fluye de adentro hacia afuera, es capaz de tener más éxito, mejor rendimiento laboral y trabajar con mayor armonía y creatividad. Asimismo, la persona emocionalmente sana establece mejores relaciones y conexión con sus colegas y clientes. Al capacitar y trabajar desde un nivel más profundo, se logra una mejor toma de consciencia para alcanzar los objetivos y el éxito deseados.

Dicho esto, las áreas de recursos humanos requieren prestar mucha atención a esta necesidad y hacer que sus colaboradores estén más expuestos a entrenamientos que potencien su poder interior. El mundo corporativo post Covid-19 está aún más necesitado de ser capacitado a este nivel para enfrentar mejor los cambios y retos que se han venido presentando, aunque no todas las empresas priorizan todavía a sus colaboradores.

Prácticas de crecimiento espiritual

Para tener una vida interior plena es necesario tener prácticas que fortalezcan nuestro espíritu. Independientemente de si practicamos o no una determinada religión, nuestro espíritu es como un músculo que necesita ser entrenado diariamente para que tenga fuerza y vitalidad.

Existen personas con un fuerte. Estas se caracterizan por sentirse enérgicas, saludables, activas y con una gran capacidad creativa para llevar a cabo sus planes y sueños. Su espíritu es expansivo, se le ve la risa y la chispa. A este tipo de personas solemos decirles que tienen "buena vibra".

En cambio, hay individuos con un espíritu decaído. Suelen ser personas tristes, acongojadas, sin energía, sin sueños ni proyectos. Se enferman con frecuencia, perciben un mundo desdichado y tienden a ser muy críticos y pesimistas con todo y hacia todos.

Los rituales que a continuación propongo intentan alimentar el espíritu y abonar a tu vida interior, independientemente de si practicas o no una religión:

- La práctica del silencio o meditación. Cada vez más psicólogos, psiquiatras y profesionales de la salud mental recomiendan meditar. La meditación es una herramienta de bienestar. Se han practicado diversos estudios científicos que confirman que cuando se medita se producen cambios en las ondas cerebrales, así como cambios físicos en el cerebro. Esto hace que mejore la velocidad de reacción e incrementen los niveles de enfoque, atención y memoria. Desde el punto de vista emocional la meditación mejora el estado de ánimo, reduce el estrés y ayuda a regular las emociones. Desde el punto de vista espiritual aporta calma, serenidad, paz interior y mayor consciencia.

Hay diversos tipos y métodos de meditación. Cualquiera que se elija, se recomienda hacerlo al menos dos veces al día, alrededor de 20 minutos. El mejor momento para hacerlo es al despertar en la mañana, dado que la mente se encuentra sosegada después de varias horas de sueño. También es posible hacer pequeñas pausas meditativas durante el día. Tomamos momentos de al menos cinco minutos para respirar y estar en silencio. Estos instantes se convierten en recargas energéticas que aportan mucha calma y nos ayudan a continuar mejor la jornada.

• Convivir diariamente con la naturaleza. Se cree que por vivir en la ciudad no tenemos acceso a estar en la naturaleza. La convivencia con el entorno puede ir desde apreciar un amanecer, un atardecer o contemplar las estrellas y la luna desde el jardín, el balcón o la ventana de tu hogar. La terapia de bosque explica bien los efectos y beneficios que el ser humano recibe al estar en la naturaleza.

Cuando estamos en la naturaleza podemos introducir la práctica del *Mindfulness*. Esta práctica milenaria consiste en prestar atención plena al momento presente, a lo que está ocurriendo, alejándonos de todo pensamiento fuera de lugar. Por ejemplo: contemplar la lluvia, apreciando su sonido, sensación, frescor y el olor que deja en la tierra mojada. También podrías acostarte debajo de un árbol sombreado a observar el tránsito de las nubes, sintiendo la brisa o bien observar una flor, olerla y sentirla. Estas prácticas aquietan nuestros sentidos físicos y nos permiten despertar más los sentidos espirituales.

• Actividades de conexión interior. Sabemos que estamos conectados con nosotros mismos cuando nos desconectamos de lo exterior, de nuestros pensamientos inútiles (miedo, dolor, preocupación). En ese momento se experimenta paz y bienestar, el sentido del tiempo y espacio desaparecen, y las horas se convierten en minutos sin darnos cuenta; como cuando hablamos con un gran amigo con quien conectamos mucho, de pronto vemos el reloj y han pasado cuatro horas que se sintieron como 20 minutos.

Algunas prácticas que pueden ayudarte a conectar con tu ser podrían ser trabajar en tu jardín o huerto, cocinar, leer, escribir, tocar un instrumento, bailar, cantar, arte terapia, tejer, etcétera. Estas actividades te llevan a despertar tu sentido creativo, a canalizar estrés emocional, a estar presente y a recargarte con una energía más productiva.

• Practicar la introspección y reflexión. Casi siempre nuestra mente está afuera, estamos pensando cómo están los demás, qué hacen los otros, y poco vamos hacia adentro a ver cómo estamos nosotros. Algunas personas están desconectadas de lo que sienten, lo sabes porque usualmente dicen "no sé lo que me pasa", "estoy triste pero no sé por qué". Hay una desconexión con su ser y sus emociones. Si tan solo fuéramos más hacia adentro encontraríamos esta información.

Prestar atención al estado interior requiere de calma y quietud. Podrías tener prácticas de autorreflexión y auto cuestionamiento de los acontecimientos que estás viviendo y como los sobrellevas; podrías tomarte una tarde a la semana para hacer esta práctica en tu jardín o en un lugar agradable a solas. Hay personas que llevan un diario y esto les permite todos los días ver como están y valorar sus avances. Otras optan por reflexionar sobre cómo fue su día en el orden cronológico en que ocurrieron los hechos.

• La oración y la lectura sagrada meditativa. Orar, rezar y utilizar letanías fortalecen el espíritu de la persona. Se podría acompañar estas prácticas con lectura de textos sagrados o libros reflexivos que se usan como cuadernos de trabajo.

Podrías leer varias veces una frase o párrafo, subrayarlo, meditarlo y hacer una reflexión en torno a ello. En el catolicismo, esta práctica se hace con la Biblia y se conoce como *Lectio Divina*. La palabra resuena tanto en el espíritu de la persona, que facilita la integración del mensaje para hacerlo vida.

Estos rituales o momentos espirituales impregnan y renuevan de energía el ser. Se convierten en vitaminas para el alma. La intención es alejarnos un poco del ruido mental y externo, y conectarnos con la grandeza de nuestra esencia; de esta forma, estaremos creciendo espiritualmente y por lo tanto fortaleciendo nuestro espíritu.

Despertando tus sentidos espirituales

El ser humano conoce y desarrolla los sentidos físicos como la vista, el tacto, el oído, el gusto y el olfato. Los sentidos espirituales son para la mayoría un tema desconocido. Algunos de ellos son la intuición, la sabiduría, la atención plena, el discernimiento y la canalización de mensajes divinos. Estos sentidos del alma a veces están adormecidos y solo se desarrollan a través de una vida interior profunda. El despertar de estos viene por gracia, es decir, que se reciben gratis como fruto de una vida conectada al poder superior.

Algunas personas son intelectualmente inteligentes producto de su ardua preparación académica. Sin embargo, su inteligencia espiritual puede ser muy limitada. Pueden tener mucho conocimiento, pero carecer de sabiduría, puesto que ser sabio no tiene que ver con el conocimiento, sino con las experiencias de vida y cómo estas han ido construyendo a la persona.

El despertar de los sentidos espirituales viene de una profunda conexión con la fuente. Viene de la espiritualidad y no necesariamente de la religiosidad. La religión y la espiritualidad son dos asuntos completamente diferentes, que a veces tendemos a confundir. Una clara distinción la hace el sacerdote P. Teilhard de Chardin:

- Existen varias religiones. Existe una sola espiritualidad.

- La religión divide. La espiritualidad une.

- La religión se ocupa con el hacer. La espiritualidad con el ser.

- La religión establece reglas humanas. La espiritualidad no las tiene.

- La religión habla de pecado y culpa. La espiritualidad dice "aprender del error".

- La religión pertenece a un grupo. La espiritualidad pertenece a la humanidad.

Esta distinción bajo ningún punto es una crítica a las religiones. Únicamente denota la diferencia que existe entre la religión y la espiritualidad; nos ayuda a entender que ambas son necesarias, que ninguna excluye a la otra pues son parte del todo, que es Dios.

Las religiones han sido a lo largo de la historia necesarias e importantes para acercar al hombre a Dios. Una gran mayoría las practica, mientras que otro grupo no se identifica con ninguna y a pesar de eso mantiene una estrecha conexión con su fuente divina.

Cuando hablamos de espiritualidad y religiosidad vamos a encontrar diferentes tipos de personas:

- Muy religiosas, pero no necesariamente espirituales.

- Espirituales, pero no religiosas.

- Religiosas y a la vez espirituales.

Las religiones tienen su propia sabiduría, por tanto, siempre serán respetables aquellos que deseen tener prácticas religiosas y espirituales. En ambos casos, si la intención es el crecimiento espiritual lo alcanzarán.

Cuando vivimos en el espíritu, nuestros sentidos espirituales despiertan y se desarrollan. Se potencia el amor incondicional y universal, empiezan a desaparecer los juicios y las divisiones, y el alma florece.

Mi proceso espiritual inició a los 14 años, de forma más religiosa que espiritual. Recuerdo que a esa edad deseaba con mucha insistencia ir a un retiro y cuando se me presentó la anhelada oportunidad empecé mi vida comunitaria. Al poco tiempo me convertí en una de las "servidoras o líderes" en donde se me asignó un grupo de compartir para que lo guiara. Esta experiencia me ayudó a fortalecer mi vocación de servicio y compartir abiertamente con los demás. También a esa edad pude desarrollar mi habilidad de oratoria, ya que siempre en los retiros se me asignaban charlas.

En aquella comunidad llamada "Victoria de Dios" estuve solamente un par de años, hasta el día que se desintegró. Años después, movida por esa nostalgia y la necesidad de vivir en comunidad, fundé junto al padre Joselito y tres amigos más una comunidad de jóvenes llamada "Juventud Amigoniana". Fueron años de mucho crecimiento y formación; me tocó dirigir esa comunidad hasta el día en que me casé y entregué mis funciones.

Después de casarme, me uní junto a mi esposo a una comunidad llamada "Extensión contemplativa". Desde entonces llevamos años en este caminar, que me permitió llegar al siguiente nivel espiritual. Nuestro carisma nos invita a la oración de silencio y a la vida contemplativa, a una existencia más consciente y atenta a lo simple y a la vez grande de la vida. La contemplación me cambió la visión y entendimiento de todo. El silencio que practicamos es transformador y nos lleva a encontrar respuestas en nuestro interior y a transitar por un camino de gracia, plenitud y amor incondicional.

Cuando inicié mi vida contemplativa sentí que todo lo que había recorrido desde jovencita había sido una preparación para llegar hasta ahí, hasta las profundidades del misterio de Dios. Este carisma es el que intento trasmitir a través de mi trabajo de una forma no religiosa, para que tenga aceptación y mayor sentido de inclusión. El camino del silencio es una invitación a vivir desde el espíritu.

La contemplación ha sido una de mis más grandes escuelas de vida. Me hizo despertar y comprender mucho quién soy. Este proceso lo logré de la mano de mi guía espiritual, una mujer espiritualmente madura, sabia y profunda llamada Aida María Herdocia. Me considero una pupila de su escuela y nunca tendré palabras suficientes para agradecer lo que de su mano he aprendido.

Uno de los sentidos espirituales que más despertaron en mí fue la intuición. En el año 2004, cuando tenía 24 años, mi jefe me dio la oportunidad de recibir una capacitación de tres días en el Banco Mundial. El entrenamiento estaba dirigido por un facilitador, a quien en las mañanas le dábamos los buenos días y por las tardes nos despedíamos.

Pasaron cuatro años de esa capacitación y nunca volví a ver al facilitador. Un día, llegando a mi casa, me dirigí a la computadora para revisar mi Facebook (en aquel tiempo casi nadie tenía teléfonos inteligentes) y me encontré con una sorpresa: era un mensaje privado en Facebook del facilitador. En ese mensaje me contaba brevemente lo que había hecho en los últimos cuatro años después de aquella capacitación donde nos conocimos. Al final del mensaje una frase decía: "me encantaría me aceptaras una invitación a cenar".

Cuando leí eso me asombré mucho. ¿De dónde salió esta invitación?, ¿y a este qué le pasó? Por supuesto que me entusiasmé, el facilitador no solo era guapo sino también inteligente. Entonces pensé: le aceptaré la invitación pero sin perder el *glamour*, así que decidí esperar hasta el día siguiente para responderle el mensaje.

Según lo planeado, al siguiente día le respondí, lo saludé y le dije que sí, que nos viéramos para ir a cenar. En vista de que era una persona prácticamente desconocida, tenía que darle mi número celular y la dirección de la casa de mi madre para que llegara a recogerme.

El día de la cita me recogió muy puntual a las 7:30 de la noche y yo, que no le había preguntado antes a dónde íbamos, me sorprendí cuando llegamos a uno de los restaurantes más exclusivos de Managua, "La casa de los Nogueras". Él había reservado una mesa con velas afuera. A mí me encantan los espacios exteriores y a pesar de que ya había una reservación él me preguntó: "¿te gustaría estar adentro o afuera?" Por dicha acertó.

Empezamos a conversar y al poco tiempo empecé a sentir que estaba frente a un "alma conocida". Sentí que era un amigo de toda la vida a quien no veía de hacía mucho tiempo y con quien me unía una química y una conexión muy fuerte. La conversación se centraba más en lo espiritual y en nuestras percepciones de la vida.

El tiempo transcurrió muy rápido y a las 11 de la noche llegó el mesero a decirnos que estaban cerrando. Yo sentí que recién habíamos llegado al lugar, no podía dejar de hablar con el facilitador. Él me preguntó si nos movíamos a otro sitio, le dije que sí y nos fuimos a "Woodys", un restaurante bar que quedaba muy cerca.

Llegamos al lugar y seguimos hablando sin poder detenernos. Nos dio la una de la madrugada y nos llegaron a decir que nos teníamos que ir. Nuevamente sentíamos que había mucho por hablar y le dije: "siendo martes creo que solo nos queda un lugar que puede estar abierto". Nos dirigimos a un bar que se llamaba "Traffic", de donde nos corrieron a las tres de la mañana.

Éramos como dos imanes que no podían despegarse. A esas alturas no había pasado nada, ni un agarrón de manos, ni un beso, nada... Yo sabía cómo mantener la magia y el interés. A esa hora, cuando ya toda la ciudad estaba dormida, le dije que el único lugar que quedaba era la casa de mi madre. Le propuse que nos fuéramos allí, pero que antes del amanecer se tenía que ir ya que no quería que ella se diera cuenta y pensara que abusábamos de su confianza.

Seguimos platicando en una de las salas de la casa, hasta que empezó a amanecer y comenzamos a despedirnos. Antes de irse me dijo: "a estas alturas de mi vida no me importa si creés que estoy loco, psicópata o desesperado, solo quiero que sepás que sos mi esposa y yo tu esposo". Yo por supuesto sentía exactamente lo mismo, pero no quería perder el *glamour* y quería que todo aquello fuera interesante, así que mi respuesta solo fue sonreír.

El facilitador, que tenía que regresar ese día a su ciudad, me sorprendió en la despedida con una propuesta: "me tenía que ir a Chinandega pero no puedo, necesito verte otra vez. Te propongo que vayamos a dormir un poco y luego te vengo a recoger de nuevo", me dijo. Y así fue, llegó ese día a las 5 de la tarde, fuimos a misa, a cenar y conversamos otras 12 horas sin parar.

A los pocos días de habernos encontrado me ofreció "un noviazgo corto" y yo accedí. Empezamos a ser novios, a hablar de matrimonio y a los 20 días de noviazgo me entregó el anillo de compromiso. Al día siguiente fuimos a buscar a mi guía espiritual, el padre Joselito, a quien le contamos todo y le dijimos que nos queríamos casar en cuatro meses aprovechando que sería diciembre y que algunos familiares venían a Nicaragua.

El padre nos dijo que él nos casaba en un mínimo de siete meses, ya que necesitábamos conocernos más y tener tiempo para planear la boda y buscar dónde vivir. Entonces programamos la boda para siete meses después, el 21 de marzo.

Recuerdo que cuando anunciamos nuestro compromiso había

personas que ni siquiera sabían que éramos novios. ¡Fue un bombazo! Algunos se preguntaban por qué tanta prisa, otros pensaban que estaba embarazada. Sé que pocos lo entendieron. Por dicha, nuestros padres lo comprendieron perfectamente desde el primer momento y apoyaron nuestra decisión.

Un día, recién comprometida, una amiga me invitó a almorzar a un restaurante. Cuando llegué al local no encontré a una sino a varias amigas, fue como una emboscada. Con la mejor de sus intenciones me dijeron que estaban alegres, pero a la vez preocupadas: ¿por qué te vas a casar tan rápido?, me preguntaban. No sé, respondía yo… ¿No tenés miedo? No… ¿Y si te saca las uñas después? No creo… ¿Pero si no estás enamorada, no lo amás, no lo conocés? Tienen razón, no puedo estar enamorada, amar ni conocer a alguien en solo 20 días de noviazgo, les respondía. Sin embargo, yo sentía que él era la persona indicada y que debíamos casarnos de esa forma y en ese tiempo.

Ahí entendí el verdadero significado de la intuición. Tu mente razona y te dice: "no lo conoces, es un riesgo, puede pasar algo más adelante que te lleve al fracaso con esa persona". Tu corazón te dice: "no, no estoy enamorada aún, no lo amo". Tu cuerpo te puede decir: "estoy ansioso, inquieto con todos estos cambios repentinos". Pero viene tu intuición con una fuerza mayor y te dice: "sí, él es y te vas a casar así, de esa forma y en este tiempo".

Y así lo sentí, con mucha determinación. No había miedos ni dudas, solo paz. La intuición no entiende de razones, argumentos o lógica. La intuición solo se siente y con ella viene la certeza de que las cosas son así, la acompaña la tranquilidad y la confianza de que todo está y estará bien.

Esa fue mi decisión, basada en la más grande y poderosa intuición que he tenido en mi vida. Y después de 12 años juntos, tres hijos y muchas historias vividas con mi esposo Julio César, aún me cuesta entender todo este proceso maravillosamente intuitivo.

Mi propia historia me llevó a comprender que el ser humano está acostumbrado a pensar, razonar y analizar en lugar de sentir e intuir. Creemos que todo se debe entender con la mente, con números y estadísticas; vivimos en un mundo donde existe la necesidad de demostrar todo de forma tangible, clara y precisa. Pero la vida no es así. En el mundo espiritual las cosas no son así.

El mundo espiritual lo abarca todo, no es lógico, y quien desee crecer espiritualmente debe tener claro este principio. Un día un astronauta y un neurocirujano discutían sobre la existencia de Dios. El astronauta dijo: "estoy convencido de que Dios no existe. He ido varias veces al espacio y nunca he visto ni siquiera un ángel". El neurocirujano, sorprendido por la aseveración, contestó: "bueno, yo he operado muchos cerebros y nunca he visto un pensamiento".

El ser humano generalmente ve la realidad desde el intelecto, piensa y razona todo. La mente está llena de ruido, temor, confusión, percepciones erróneas, pasado, prejuicio y juicio. Todo esto nos aleja de ver la realidad como es, por eso cada quien crea su propia realidad según su lente, su filtro y su historia.

Las mejores cosas en la vida no se entienden con la mente, sino con el corazón y la intuición. Siente más, piensa menos; intuye más, razona menos. En la mente se manifiesta el ego, en la intuición el ser. La vida interior te llevará a desarrollar los sentidos espirituales y a dejarte llevar por ellos con confianza.

Todos somos seres intuitivos, solo basta encender esa chispa para que la llama ardiente de nuestra inteligencia superior cobre fuerza y se manifieste. Deja que todos tus sentidos espirituales despierten a través de una vida interior conectada a la fuente del amor, que es Dios.

Resumen de las prácticas para fortalecer tu espíritu

1. **Trabajar de adentro hacia afuera**

- Reflexiona sobre cuánto énfasis le has dado al trabajo de afuera y qué tanto al de tu interior.

- ¿Qué podrías hacer para crear más equilibrio en tu vida entre la materia y el espíritu?

- Piensa y desarrolla un plan personal de crecimiento interior de adentro hacia afuera.

2. **Ser versus Hacer**

- Ahonda en cuánto has vivido desde el ser y cuánto desde el hacer.

- ¿Qué actividades del "ser" y "estar" que disfrutes podrías incorporar más en tu día a día?

3. **Prácticas de crecimiento espiritual**

- Construye una rutina diaria que te ayude a fortalecer tu espíritu. Incorpora actividades como el silencio, la meditación, tiempo en la naturaleza, actividades de conexión interior, prácticas de introspección y reflexión personal, así como momentos de oración y lectura sagrada. El tiempo sugerido mínimo es de 20 minutos al día.

4. **Despertando tus sentidos espirituales**

- Procura sentir cuáles son tus sentidos espirituales más despiertos, cuáles te gustaría desarrollar y cómo podrías ejercitarlos más.

Capítulo VIII:
Elige crecer

Crecer interiormente es sin duda una decisión y elección personal que definirá tu destino.

El niño interior y la magia de sanarlo

El niño interior es un concepto muy útil en psicología y en el mundo del crecimiento personal. Tiene que ver con las experiencias tanto positivas como negativas que vivimos en esta etapa. Este niño, con sus luces y sus sombras, se refleja en muchos de nuestros actos cotidianos y en las decisiones que tomamos.

El crecimiento interior florece cuando vamos sanando al niño o niña interior que todos fuimos y nos acompaña. Es necesario ir a la infancia y ver cuál fue nuestra experiencia en estos años.

La etapa de cero a nueve años es una fase indispensable en nuestro desarrollo humano. Aquí se sientan las bases de nuestra personalidad, los valores, percepciones, referentes, modelos de vida. En esta fase aprendimos quiénes éramos y cuánto valor teníamos para los demás, entendimos los roles y relaciones de las personas que estaban a nuestro alrededor. Se sentaron las bases de nuestra autoestima, conducta y comprensión de aquello que era correcto o incorrecto, según nuestros educadores y referentes.

La niñez es tan crucial en nuestro desarrollo emocional, que aquí se puede sembrar una maravillosa semilla o una gran herida. Por eso es vital ver si el niño o la niña interior tiene heridas o está sano. Sea cual fuere el caso, siempre hay oportunidad de sanar y reencontrarse con ese niño para vivir más plenamente como adultos.

Otro asunto importante en la infancia es la percepción del niño. Aun cuando su hogar es funcional, puede percibirse no reconocido ni amado. Su percepción es una idea que puede llegar a considerarla como verdad, y desde su propia realidad construir sus conceptos y autoestima.

Los padres de familia tienen la importante labor de asegurarse que sus hijos siempre perciban que el amor que reciben no es un amor condicionado. Una práctica que intento hacer con mis hijos es que tras un enojo o corrección siempre les digo "siempre te amo mucho aunque te regañe por esto".

Hasta ahora llevo muchos años trabajando y tratando de entender a mi niña interior. He trabajado con diversos guías espirituales y terapeutas a quienes les he llamado maestros, pues me ayudaron a entender justamente de dónde venía. Cuando esto ocurre hay dos opciones: o lo superas y rompes esa cadena, o la repites. Yo elegí la primera opción.

Vengo de un hogar disfuncional. Cuando tenía tres años, mi papá se fue a la guerra por varios meses y cuando regresó le tocó el turno a mi madre. Crecí con el vacío de no tenerlos cerca en esa primera etapa de mi vida. En la década de los ochenta en Nicaragua muchas personas trabajaban para el proyecto de la revolución. Mi país estaba en guerra y económicamente bloqueado por el contexto de la Guerra Fría.

Cuando tenía cuatro años mi papá se fue de la casa y nunca regresó. Por dicha nunca hubo violencia ni nada que mi mente consciente haya registrado como trauma. Mi padre se volvió a casar hace 35 años y desde entonces vive con su esposa; mi mamá nunca se volvió a casar, tuvo un par de relaciones que no se concretaron en uniones formales.

A mis padres, Nadine Ocón y Larry Vado, siempre los honraré y les estaré profundamente agradecida. En mi proceso de sanación entendí que los padres nos dan lo mejor que pueden. Su razón de estar en nuestras vidas es justamente para recibir lo que nuestras almas necesitan.

Mi madre fue un ejemplo en mi vida, un ser extraordinario con un gran espíritu de lucha. Fue una mujer valiente que a sus 33 años nos llevó a mi hermana y a mí a vivir a República Dominicana y luego a Honduras, donde ejerció su carrera diplomática. Siempre se las ingenió para darnos las mejores oportunidades que nos ayudaron a convertirnos en las mujeres profesionales que somos hoy.

Mi abuela materna, Dominga Núñez, vivía enfrente de nuestra casa y la recuerdo también como una madre. Por un tiempo yo dormía y vivía prácticamente allí. Ella me enseñó a coser, a pegar botones y a rezar varias oraciones; me permitió desde los cuatro años lavar los platos en su casa arriba de un banquito y siempre me decía que era una niña hacendosa.

Recuerdo que con ella aprendí a limpiarme con periódico cuando faltaba el papel higiénico, que a menudo escaseaba por el contexto político del país; teníamos que humedecerlo con agua y luego arrugarlo. Cuando salíamos juntas a pedir nuestra provisión de comida semanal que nos daba el gobierno debido a la escasez, caminábamos al menos diez cuadras para llegar a un puesto de abastecimiento de granos básicos. Ahí presentábamos una tarjeta rosada y nos entregaban arroz, frijoles, aceite, jabones y no recuerdo qué más. Los domingos nos íbamos caminando a la iglesia más cercana para escuchar la misa. Mi abuela nunca aprendió a manejar.

La "Minda", como le decíamos sus nietos a mi abuela, enviudó muy joven y nunca se volvió a casar. Su casa era el centro de reunión de sus nietos, le encantaba cocinarnos, darnos mangos e icacos en miel que preparaba con los frutos de su jardín. Era una mujer muy generosa, sociable y con un gran sentido de humor.

Antes de que mi abuela falleciera, tuve la dicha de despedirme y agradecerle por todo lo que hizo por mí. Ella llenó muchos de los vacíos emocionales que tenía por la ausencia de mis padres y estoy segura de que esto marcó una gran diferencia en mi vida.

En los años de la revolución, la ausencia de los padres era algo muy normal. El sistema educativo estaba alineado al sistema político y algunos preescolares trabajaban hasta el final de la tarde, cuando los padres volvían de trabajar. Esta ausencia despertó en mí, y seguramente en muchos niños, un alto sentido de independencia, estábamos algo solos y nuestro lema infantil era "sálvese quien pueda". Lo vivido me dio un carácter y un sentido de sobrevivencia que hoy se traduce en valor y empuje para hacer muchas cosas.

Crecimos muy independientes. Recuerdo que cuando tenía nueve años me tocaba recibir clases de nivelación académica con una tutora, por lo que debía caminar sola diariamente al menos dos kilómetros atravesando una zona peligrosa, cargando mi mochila del colegio en la espalda. Esto hoy en día es algo impensable para mis hijos.

Nuestra infancia fue muy diferente a la de estos tiempos. Junto a mis primos hermanos, que vivían a una casa de por medio, nos divertíamos jugando en las calles, corriendo y andando en bicicleta; nos subíamos a los árboles y a los techos de las casas. Esa libertad me dejó bellos recuerdos, pero también el estar solos me dejó muchos vacíos de los cuales en aquel momento yo no era consciente.

Cuando llegué a la adolescencia, mi madre me decía con cariño que era una "vaga, pata de perro". Me encantaba andar en fiestas y dormir en casas de amigas. Mi mamá me daba tanta libertad y confianza que siempre traté de no defraudarla, nunca caí en excesos o adicciones.

Sin embargo, tuve necesidad de llenar aquellos vacíos de infancia con relaciones de noviazgo. De todos mis noviecitos me enamoraba y con la mayoría me veía casada. Todos me partían el corazón y aprendía muchísimo con cada ruptura. Tuve tantas "decepciones amorosas" que temía no encontrar un buen hombre para establecer una familia. En algún momento pensé que eso no ocurriría, además venía de una línea familiar materna y paterna en donde solamente había visto divorcios.

Cuando llegué a ser una joven adulta empecé a trabajarme interiormente y a darme cuenta del origen de todo. Este proceso de sanación interior vino acompañado del despertar espiritual, todo lo cual me fue preparando para encontrar a mi maravilloso compañero de vida, el padre de mis hijos.

La historia del niño o niña que fuimos nos corresponde a nosotros mismos. Ver hacia atrás no debe ser bajo ningún punto un modo de reproche hacia nadie: todo lo que hemos vivido nos ha construido para ser y estar donde estamos. Requerimos quitarnos el sombrero de víctimas y vestirnos de protagonismo, saber que somos capaces de sanar y vivir libremente cuando reconocemos, amamos y reconstruimos a ese niño interior.

Si en esta etapa de tu vida estás viviendo muchos duelos y dificultades, no dejes de ver hacia adentro para encontrar a ese niño interior: ¿qué vacíos tiene?, ¿cómo fue tratado?, ¿fue visto, reconocido y felicitado, o sufrió exclusión, burla, maltratos?, ¿fue comparado o etiquetado?, ¿fue discriminado o reprobado? Este proceso de reflexión te dará luces también para valorar tu autoestima.

La calidad de nuestras relaciones depende mucho de las experiencias pasadas y de los modelos que hemos tenido, sobre todo en el seno de la familia. Cuanto más cicatrizadas tengamos nuestras heridas del pasado, más fácil será resolver lo que surja en el presente, en nuestras relaciones con los demás.

La vida es tan generosa que siempre nos presenta oportunidades para ver y sanar el dolor que llevamos. El asunto es que no siempre estamos atentos y conscientes de estas oportunidades y puede ser que pasen desapercibidas.

La sanación puede venir de forma intencionada y consciente, cuando buscamos la ayuda de forma directa: si vamos donde un profesional de la salud mental y trabajamos los asuntos dolorosos a través de terapia, o también si buscamos sanación mediante la oración o la práctica espiritual.

Sanamos también de forma inesperada, si llega como un regalo o gracia divina. Cuando esto sucede puede ser que comprendamos lo que está ocurriendo o que no lo entendamos, pero aun así el regalo de la sanación se está dando. Y esto fue exactamente lo que me ocurrió hace un par de años.

No sabía qué acontecimiento en mi infancia me había provocado que perdiera el encanto por las montañas; cuando las veía me causaban tristeza, siempre decía que prefería el mar y evitaba visitar esos lugares. Así había sido desde que tengo uso de razón.

Sin embargo, un día mi suegro decidió celebrar su cumpleaños en Matagalpa. En ese viaje anduvimos manejando en caminos de tierra y hubo un momento en el cual, sin saber por qué, ya no pude dejar de observar a las montañas, me sentía hipnotizada mirando hacia arriba sin hablar. Era como si fuese la primera vez en mi vida que las veía, con gran asombro y admiración.

A nivel físico sentía algo sutil en el centro del pecho, como si una flor empezaba a abrir sus pétalos poco a poco; eso se llama apertura del centro energético (*chakra*) del corazón. Fue un momento indescriptible, supe que mi tristeza se estaba yendo, que eso estaba sanándose como si Dios borrara la laguna mental o el capítulo en mi vida que me provocaba infelicidad. Entonces le dije a mi esposo: "quiero ir a las montañas de Bosawás a celebrar nuestro aniversario de bodas".

Bosawás es la tercera reserva natural más grande en el mundo. Nos dirigimos al Centro de Entendimiento con la Naturaleza (CEN), un centro de investigación que ofrece un hospedaje rústico donde no hay abanicos ni televisión, donde, aunque el clima es muy frío no existe agua caliente en los baños. Tampoco venden licor. Todo eso lo hacía más atractivo para nosotros, yo sentía que era el refugio perfecto para hacer silencio y encontrar a Dios en la montaña.

El viaje de celebración empezó. Mientras íbamos en la carretera rezábamos el rosario y una vez que pasamos Matagalpa el clima comenzó a cambiar, y cuando subíamos sobre la carretera rumbo a La Dalia y El Cuá de la nada empecé a llorar mirando las montañas. No sabía lo que me estaba pasando y no me podía contener, era un llanto fuerte, no sentía tristeza, pero tampoco alegría, era neutral. Le comenté a mi esposo que no sabía lo que me pasaba, solo sabía que Dios seguía sanando algo con las montañas y que me llevaba a ese lugar por alguna razón.

Cuando llegamos a Bosawás empezamos a conocer a la gente local, personas que hablan suave y pausado, nadie anda deprisa, no hay ruido, no hay tráfico, no hay estrés. Al día siguiente dio inicio la aventura; empezamos entrando al bosque con el propósito de llegar a la cima del macizo Peñas Blancas, una montaña situada a 1.300 metros sobre el nivel del mar y en cuya cima exhibe un bosque tropical que se cree se formó hace más de 2.000 años. Un bosque virgen con árboles gigantes y abundante vegetación.

Entramos a la montaña con Abraham, un guía fenomenal, hombre sensible y apasionado por el bosque. Él nació y vivió toda su vida en comunión con el lugar y eso hizo la experiencia aún mejor.

Empecé la aventura con el pavor de encontrar una culebra, pues nos habían dicho que a veces aparecían en el sendero. A medida que íbamos avanzando en el bosque yo iba pendiente de no encontrarme con la serpiente que no quería ver. Caminamos en silencio, meditativos, cada quien enfocado en sus pasos para no caerse. Era como estar en total presente: escuchábamos el sonido de las quebradas de agua, las hojas de los árboles, los pájaros, y a veces nos deteníamos para escuchar alguna explicación. Me impresionó constatar que la cura para las enfermedades físicas está en el bosque en forma de raíces, hojas y semillas. En esa comunidad casi nadie va a las farmacias.

A medida que íbamos subiendo la montaña, la cosa se complicaba y llegó mi segundo pavor: las alturas. Recuerdo estar en una pendiente lodosa de casi 90 grados de inclinación donde para ascender debía sujetarme de las gruesas raíces de los árboles. Por momentos sentía quedar colgada en el aire como Tarzán y debía hacer un gran esfuerzo para subir al siguiente espacio de tierra.

El guía en ese momento nos dijo: "esta es una de las partes más difíciles, no vean hacia abajo". Mejor no hubiera dicho nada, pues inmediatamente volteé a ver hacia abajo y entré en pánico, aunque lo disimulé, al observar aquel precipicio decenas de metros cuesta abajo.

Las horas transcurrían y yo cargaba con mis miedos sin decir nada. El camino se iba complicando y aunque lo disfrutaba mucho, no dejaba de pensar en las culebras y los guindos; entonces rezaba pidiendo protección. Ese día caminamos alrededor de ocho horas entre lodo, piedras, ríos, quebradas y altas cuestas. Era como un peregrinaje que viví emocionalmente intenso, sin comprender en ese momento por qué.

Las horas pasaban, pero el tiempo parecía haberse detenido. Finalmente, un par de horas después, llegamos a la tan anhelada cima y ahí todo cambió, era relativamente plana pero estaba tan llena de árboles que no veíamos el sol. La energía era otra y algo en nosotros estaba cambiando también. Se sentía mucha paz, quietud y armonía.

Mientras descansábamos, el guía empezó a pelar tres naranjas y nos compartió que en esa cima él acampaba hasta por siete días. Nos contó que personas que llegaban a ese sitio eran sanadas, rehabilitadas y renovadas. En medio de la plática noté que mi esposo se había ido, como en éxtasis, a abrazar un árbol. Me quedé con Abraham, conectada con él, sintiendo que el espíritu de Dios estaba haciendo algo entre nosotros. Después de un rato, emprendimos el viaje de regreso.

Cuando empezamos a descender me percaté de que algo había cambiado: el pavor a las culebras y a las alturas habían desaparecido, las pendientes empinadas que había subido las estaba bajando. ¿Qué estaba pasando con mis miedos?, ¿a dónde estaban los temores que cargaba?, ¿por qué regresaba sintiéndome distinta?, ¿qué me había ocurrido en la cima? No lo sé, no sé qué pasó, pues hay cosas que no se pueden comprender racionalmente. Mis temores se habían quedado en la cima de la montaña.

Comprendí entonces que no temía en realidad a las culebras o a las alturas, sino que eso solo era un reflejo o una proyección de algún temor más profundo e inconsciente. De todas formas, me sentía feliz solo con el hecho de que Dios me había sanado y liberado de algo, sin saber bien de qué.

El día que regresamos de Bosawás le pedí a mi mamá —que se había quedado en mi casa cuidando a los niños— que no se fuera a su casa, que me esperara, pues quería contarle lo que me había ocurrido. Nos sentamos a solas en la terraza y le hablé del inesperado llanto en la carretera cuando íbamos camino a La Dalia, cómo después de llegar a la cima se fueron mis temores, y que aquella inexplicable tristeza por la montaña también había desaparecido.

Mi madre me miró a los ojos y me dijo: "cuando tenías tres años tu papá se fue a la guerra por varios meses y cuando él regresó me fui yo por otros meses más. En esos tiempos no se les decía a los niños que uno iba a la guerra. Nosotros les dijimos a tu hermana y a vos que íbamos a la montaña".

Al escucharla sentí una gran revelación y me dieron ganas de llorar. Mi conflicto con la montaña era que me había arrebatado primero a mi padre y luego a mí madre. Eso había generado gran dolor y temor de que no regresaran, de que murieran en la guerra, miedo a quedarme sola de nuevo, temores que estaban representados en alturas y culebras.

Dios me había llevado a Bosawás, al macizo de Peñas Blancas, a reconciliarme con la montaña y a perdonarla. Estuve muy cerca de las antiguas zonas de guerra donde estuvieron mis padres: Rancho Grande, La Dalia, el Cuá, Waslala y Wiwilí.

La vida me llevó hasta ese lugar a sanar una historia de conflicto militar que me había marcado y que, sin sospecharlo, me hizo cargar con miedos de manera inconsciente, durante 32 años. Miedos que en el día a día se convertían de una u otra forma en obstáculos para mí, ya que antes de aquel viaje y cada vez que yo entraba a mi baño, temía encontrar una gran culebra negra enrollada en una esquina. Después de estar en la montaña, ese temor desapareció por completo.

En esa misma conversación con mi madre comprendí que yo cargaba, sin saberlo, los miedos que ella sintió en la montaña. Los hijos muchas veces llevamos a cuestas inconscientemente los miedos de nuestros padres, y también de generaciones pasadas.

Mi mamá me contó que en la guerra una culebra casi le muerde su cara mientras descansaba en una hamaca, y que las movilizaciones en camiones de una base militar a otra le producían mucho miedo, ya que los caminos de tierra eran angostos y esos vehículos podían volcarse desde lo alto al transitar por las curvas montañosas.

La guerra en mi país nos marcó a todos, a los que fueron y a los que nos quedamos. La montaña me arrebató temporalmente a mis padres, pero también me los regresó vivos. Me reconcilié con ella 32 años después en Bosawás, ahí donde Dios me sanó.

Desde que recibí esta sanación disfruto más estar en la naturaleza, convivir con el bosque y la montaña, y puedo transmitirles a mis hijos este mismo encanto y amor. Sanar a ese niño o niña interior hace que tus miedos disminuyan o desaparezcan, que tus relaciones se vuelvan más plenas porque estamos más llenos de amor para compartir. Cuando esto ocurre, surge de inmediato la magia de ser sanados y de crecer interiormente.

Cuando la consciencia espiritual despierta

La consciencia espiritual ha despertado cuando descubrimos el verdadero sentido de la vida. Es una experiencia y un conocimiento profundo que se desarrolla cuando conectamos con nuestra esencia y con la consciencia divina que es Dios. Aquí despierta el amor incondicional, el gozo, el servicio y muchos dones universales más que nos ayudan a vivir con mayor sentido y plenitud.

Las almas espiritualmente despiertas viven en armonía con ellas mismas y con la totalidad, sabiendo reconocer que todos los seres humanos son sagrados. Viven con un orden interno que se refleja en claridad, bienestar y libertad interior. Sus consciencias se ocupan de la trascendencia y de lo sagrado; se alejan cada vez más de los conceptos humanos, sobre todo de aquellos que separan, dividen y son contrarios al amor.

La persona espiritualmente despierta no se siente separada de nada ni nadie. No hace diferencias de forma en torno a credo, cultura, raza, preferencia sexual o condición social. Estas almas comprenden que somos más que formatos físicos. No se ve la condición humana, no se racionaliza si es hombre o mujer, niño o adulto, sino que se observa a cada ser humano como un alma sagrada. Las personas que están a este nivel han entendido que nadie es superior a nadie, porque todos son parte del todo y todos somos parte de una unidad.

La personalidad del alma espiritualmente despierta es muy diversa. Se cree de forma errónea que estas personas deben ser silenciosas y reservadas, pero no es así: pueden ser introvertidas o extrovertidas, pues esto es solo un criterio humano y no espiritual. En realidad, el despertar espiritual lo define únicamente la esencia del individuo.

Muchas veces nuestra consciencia esta adormecida y no logramos ver, escuchar e intuir más allá de nuestros sentidos físicos. La consciencia espiritual es una visión más profunda de lo que se aprecia a simple vista, es una comprensión de la realidad a nuevos niveles que requieren el uso de nuestros sentidos espirituales para acercarnos más a la luz y a la verdad.

Utilizamos la palabra "despertar" en tanto el ser humano se encuentra adormecido, desatento e insensible, y la comprensión de la realidad que le rodea es superflua y limitada. El individuo adormecido solo entiende con criterios humanos lo que percibe, creando así su propia realidad, muchas veces distorsionada.

Sin embargo, existen almas que están despiertas espiritualmente, que cuentan con una sensibilidad y comprensión profunda de esa realidad que se les ha revelado. Una capacidad de comprender que no es intelectual ni racional, sino que tiene que ver con la sabiduría intuitiva, que permite entender los fenómenos ordinarios y extraordinarios que nos ofrece la vida. Estas almas muchas veces son adultos evolucionados o niños.

Los niños son seres maravillosos, con mentes libres de juicios, miedos y creencias que limitan. Su sensibilidad es tan grande que aun sin razonarlo o entenderlo, pueden sentir su entorno, e incluso llorar cuando alguien cargado negativamente se acerca a ellos. El niño no es consciente de esto, pero su espíritu sí.

Se ha documentado también que algunos niños a temprana edad logran ver y sentir seres espirituales que los adultos no perciben, sensibilidad que se pierde a medida que avanzan en edad.

La consciencia en la que los seres humanos vibran energéticamente va desde un nivel básico (material o terrenal) hasta un nivel muy alto (espiritual o trascendental). En un nivel básico las personas se encuentran enfrascadas en la materia, en la forma física y en las apariencias. En este estado existe mucho apego al dinero, a las personas, al trabajo y a las expectativas. Este apego se acompaña ocasionalmente de dolor y sufrimiento; la persona suele estar desenraizada de su realidad, tiene dificultades para resolver sus conflictos emocionales y concretar las metas que desea. Se siente separada de Dios y de los demás.

En el otro extremo están las almas espiritualmente despiertas, que tienen una gran conexión con lo divino y con la grandeza del universo. Este tipo de personas se sienten unidas a todo y a todos, cuentan con mucha energía que se traduce en salud física, emocional y espiritual. Estos individuos experimentan estados prolongados de paz y sus anhelos son principalmente espirituales y no terrenales; algunos son canalizadores de mensajes y se dedican a trabajar para sanar a los demás.

En medio de estos dos grupos hay una gran gama de niveles de consciencia que están en su proceso de despertar. Algunos lo van logrando más rápido que otros, y esto tiene que ver con las experiencias que están viviendo y cómo las están integrando a su vida. También tiene que ver con sus búsquedas existenciales, con aquello que están priorizando y practicando como filosofía de vida.

El crecimiento interior y el despertar de la consciencia espiritual son una decisión y un proceso que requiere decisión, voluntad y disciplina. Cuando tenemos una vida interior consistente, es más fácil despertar y elevar nuestro nivel de conciencia; no obstante, no podemos perder de vista que nosotros aportamos a este trabajo el 1 por ciento y la gracia divina aporta el otro 99 por ciento. Basta con ser dóciles y dejar que esa gracia fluya y se manifieste.

El despertar espiritual va a facilitar nuestro crecimiento y sanación interior. Nuestra consciencia nos va a mostrar cuáles asuntos en nuestra vida requieren ser sanados y nos revelará aquellos capítulos vivenciales que necesitan ser resueltos, de modo que, cuando despierta nuestra consciencia, también florecen las otras áreas de nuestra vida.

Podemos encontrar personas con un alto crecimiento intelectual, pero con un bajo nivel de consciencia espiritual. También hay personas emocionalmente inteligentes, pero que no necesariamente han desarrollado su inteligencia espiritual. La madre de las inteligencias es la del espíritu, esa que lo trasciende todo y que servirá para el desarrollo de las otras.

La inteligencia espiritual aporta una visión trascendental que va más allá de lo humano, lo emocional y lo psicológico, y lleva a la persona a una vida en donde se superan todos los límites humanos y se vive desde la grandeza del alma.

Necesitamos comprender que la inteligencia espiritual no está reservada para religiosos, monjes o místicos: está al alcance de todos y es un regalo prometido para la familia humana. No necesitamos retirarnos a un monasterio o a algún lugar lejano a solas para despertar la consciencia, pues el monasterio es nuestro cuerpo, somos nosotros, y en ese interior habita la presencia de Dios.

El llamado es a despertar desde donde estamos, desde la perfecta y ordinaria realidad que nos ha tocado vivir como padres, hijos, profesionales o trabajadores. Sin duda, el camino más seguro para crecer como seres humanos es a través del despertar espiritual, cuya punta de lanza es el amor incondicional y el amor universal, en el que todos los maestros y profetas han coincidido.

Trascendiendo hacia una vida sin límites

A grandes rasgos existen el amor y el miedo, vertientes de las que brota un sinnúmero de emociones, sentimientos y experiencias. Una gran mayoría vive y emana inconscientemente desde el miedo, porque las experiencias de la vida los han ido acondicionando a ese constante sentido de amenaza y peligro en sus relaciones y en las circunstancias que viven.

Las personas tienen miedo de perder algo o a alguien, miedo a la muerte, a la soledad, a la enfermedad, al fracaso… Desde esa condición la persona vive limitada y encerrada en su propia prisión, que es su mente temerosa, ya que el miedo paraliza y se convierte en una gran barrera mental, emocional y espiritual. Se tiene miedo de vivir, amar y perdonar a causa de traumas pasados.

A nivel mental tenemos un programa que nos detiene constantemente; a nivel emocional, la mayor limitación puede ser el odio, el rencor y los resentimientos que cargamos. Todo esto nos hace sufrir y sentirnos inseguros y apegados a cosas materiales, personas y circunstancias.

Necesitamos escudriñar cuáles son esos límites que se han ido incrustando en nuestra vida producto de experiencias difíciles. El fin es trascender todas estas limitaciones, logrando identificar cuáles son, cómo y cuándo se originaron en nuestra vida y cómo nos afectan para ser y hacer lo que deseamos.

Cuando logramos liberarnos, empezamos a ser más nosotros mismos, nuestra esencia sin máscaras, sin mecanismos de defensa y protección, y sin temor a exponernos. Empezamos a disfrutar de esa autoconfianza y así florece la libertad para ser. Nos convertimos en almas libres para soltar, para hablar, para decidir, para trabajar, amar y crear. El miedo se desvanece y el amor gana la batalla; así empezamos a trascender lo humano.

La vida empieza entonces a tener más sentido, y comienzas a decidir desde tus más profundos valores, a ser consecuente con ellos sin temor a equivocarte. Se abre el camino a la libertad interior, a la convicción que vives como deseas vivir, y en consecuencia surge la paz y la certeza de estar donde debes estar.

Un alma que está trascendiendo la condición humana ha desarrollado la confianza, la fe y la certeza de que todos los sueños materiales y espirituales están a su alcance. Se despierta el sentido de abundancia y la capacidad para soñar; se acepta y fluye con los recursos disponibles y se expanden el amor y el conocimiento para servir y compartir con todos sin ningún temor.

Trascender hacia una vida sin límites es haber abrazado sin resistencias todas aquellas circunstancias dolorosas que te han convertido en un nuevo ser. Es haber pasado por el fuego y haber convertido tu dolor en gloria, integrándolo a tu vida y aprovechándolo para un propósito mayor. Vivir en ese nivel es saber que las dificultades siempre existirán, pero estas ya no tienen el mismo peso que solían tener en tu vida.

Estar en ese camino de trascendencia es saber que el crecimiento es continuo, que no sabemos nada, que siempre hay más y más. Y que incluso después de esta vida terrenal el alma tendrá aún mucho más por experimentar.

Trascender es romper con todo aquello que te ata y limita en todos los niveles; es romper cualquier patrón o cadena intergeneracional que haya estado o esté destruyendo tu vida o la de tu familia, como pueden ser las adicciones, la violencia y las separaciones. Tu nueva consciencia con la guía divina hoy puede liberarte y liberarlos a todos. Este puede ser tu más alto propósito en esta vida.

Date cuenta que existe un poder ilimitado en tu interior, que pudo haber estado por años escondido, temeroso y adormecido. Ahora es tiempo de darle a tu ser el lugar que le corresponde, darle la oportunidad de llevar una vida sin límites, sanando todo aquello que en algún momento te hizo sentir que no eras capaz, que no eras suficiente o importante.

Tomamos consciencia, aquí y ahora, que los límites están en nuestra mente y en nuestro pasado. Por eso nos damos el regalo de despertar y sanar a una nueva vida sin limitaciones, esa vida que Dios ha querido regalarte desde siempre.

Vive tu vida sin barreras, trasciende el dolor, el sufrimiento, el miedo, lo material y la miseria mental. Vive desde tu grandeza, desde el espíritu maravilloso que somos, toma el amor y la misericordia divina que te abrazan, recibe la luz y los regalos que el Universo desea darte.

Abre tus brazos para recibir la bendición y los milagros que tu corazón anhela, sin poner ningún tipo de pretextos o resistencia ¡No resistas el amor! Hoy es el día para trascender y despertar a una vida sin límites, donde todo lo imposible se vuelve posible. Dios es amor y nosotros somos su semejanza; por tanto, somos también el amor. ¡Elige crecer!

Resumen de las prácticas para elegir crecer

1. El niño interior y la magia de sanarlo

- Procura tener a solas un encuentro con tu niño o niña interior.

  - ¿Cómo está él o ella?

  - ¿Se encuentra herido o sano?

  - Realiza un inventario de aquellos acontecimientos que pudieron haber marcado tu infancia y ver cómo estos se relacionan con el adulto de ahora.

  - Intenta ver qué miedos actuales pertenecen a tu niño interior.

2. **Cuando la consciencia espiritual despierta**

- Reflexiona acerca de qué tan despierto espiritualmente estás.

  - ¿Cómo consideras tu nivel de consciencia espiritual?

  - ¿Qué tanto rigen tu vida los criterios humanos?

  - ¿Te permites ver e ir más allá de lo que tus sentidos físicos te dicen?

  - ¿Cómo podrías elevar tu nivel de consciencia?

3. **Trascendiendo a una vida sin límites**

- Pregúntate cómo podrías trascender a una vida menos material y más trascendental:

  - ¿Cuáles han sido tus limitaciones hasta ahora?

  - ¿Cómo podrías liberarte y liberar a los que están muy cerca de tu vida?

  - ¿Estás dispuesto a abrirte a la gracia divina y dejar que los milagros ocurran ahora?

Conclusiones

Elegir crecer es una decisión personal. En estas páginas te he dejado una guía de principios esenciales, prácticas y herramientas para que tu vida se vaya transformando en lo que deseas.

Ahora te has dado cuenta de que todo está en tus manos. Somos constructores de nuestra propia realidad y destino. Y este libro, como lo expresé al inicio, será una semilla que podrá crecer si tu corazón lo anhela y decide perseguir ese deseo.

Es momento de reiniciar, sabiendo que tu vida quizá necesita redefinir su rumbo y su sentido. Hemos visto la importancia de descubrir nuestro verdadero propósito de estar aquí, la necesidad de una vida con pequeñas intenciones diarias y con un orden interno para ejecutar de manera realista y alcanzable nuestros sueños y metas.

Siempre podremos tener planes, pero es necesario estar abiertos y fluir con los cambios, sabiendo que todo tiene un propósito en nuestra vida. Hemos reconocido la impermanencia de todo y de todos, sabemos que las cosas a nuestro alrededor cambian constantemente. Este es un llamado a vivir en libertad y sin apegos, a tener un espíritu resiliente, reconociendo que cuando hay pérdidas también hay grandes ganancias.

La vida es un misterio y una invitación a convivir sabiamente con la incertidumbre y el control que no tenemos. A sacar la mejor versión de nosotros mismos en cada circunstancia, desvinculándonos del resultado. Siempre llegará lo que debe llegar y todo es un maravilloso regalo.

Necesitamos soltar aquellos apegos en forma de ideas y absolutismos personales que nos separan de los demás. Hemos crecido cuando reconocemos que estamos unidos y que cada persona es un regalo sagrado, que nos muestra algo de nosotros mismos.

El camino del crecimiento va acompañado de un profundo sentido de aprecio y gratitud por todo cuanto es, existe y se manifiesta en nuestras vidas, así sean asuntos difíciles o gratos. Reconocemos que todo es útil y que nuestra atención se debería centrar más en lo que tenemos y no en lo que nos falta. La gratitud se fortalece cuando desarrollamos nuestra capacidad innata de asombro y cultivamos una mente de principiante, curiosa y dispuesta a aprender cada día.

Este libro te invita a sostener relaciones sólidas, basadas en el sano equilibrio de dar y recibir, de darse a los demás incondicionalmente y cultivar la comunicación y el perdón como pilares esenciales.

Por otro lado, en el camino del crecimiento nuestra mente debe ser la gran aliada para alcanzar lo que deseamos. Requerimos desaprender y reaprender todo aquello que consideramos oportuno; nuestra mente debe liberarse de ese sistema de pensamientos que desempoderan y sabotean nuestros planes y anhelos. El llamado es a crear esa abundancia que deseamos a través de una mente consciente y disciplinada.

Requerimos también asumir la responsabilidad de nuestra dicha y también de nuestra desdicha, asumiendo la historia personal sin victimizarnos, soltando lo que cargamos y responsabilizándonos de todo lo que sentimos y decidimos.

La mente y las emociones rigen nuestras acciones, pero nuestro espíritu es el que dirige nuestra vida. Por eso necesitamos fortalecerlo y trabajar de adentro hacia afuera, desarrollando prácticas que nos permitan vivir más desde el ser para despertar nuestros sentidos espirituales. Cuando logramos esto, vivimos más desde nuestra esencia y por tanto nuestra vida se vuelve integralmente más armoniosa.

Crecer es un camino constante, que nos invita a dar una mirada interior y a sanar lo que necesita ser sanado. Es un recorrido en el que la consciencia espiritual despierta para trascender a una vida sin límites, en la que desaparece el miedo, la resistencia y la constante búsqueda externa.

Hoy podrías hacer un alto y ver hacia adentro, romper tus barreras y mudar lo viejo para darle entrada a lo nuevo. Cerrar lo que se debe cerrar para abrir nuevas e infinitas posibilidades en tu vida.

La sanación y el crecimiento son ahora, y sabrás que vas avanzando cuando te identifiques más con el ser y no con el tener, cuando comprendas que nada te falta y que estás permanentemente conectado a la fuente que es Dios.

Hoy es el día para vaciar y dejarse llenar, para renovar y trascender. Hoy, elige crecer.

Agradecimientos

Agradezco profundamente a Dios por haberme entregado cada enseñanza e historia aquí relatada, desde la más dolorosa hasta la más sublime.

A Tobe, mi esposo y compañero del alma, por su apoyo incondicional y por las pláticas generadas en torno a este libro que iluminaron mi entendimiento y organizaron mejor mis ideas.

A mis maestros espirituales, que de alguna forma han sido parte de mi sanación, formación y que contribuyeron indirectamente a esta obra: Aida María Herdocia, Dynarcelia López, Keith Willcock, Marlene Díaz (q.e.p.d.), Auxiliadora Marenco, Iouri Langlet, Liset García y el padre Joselito.

A mi hermana Nadine, por ser amiga, compañera y cómplice en el dolor y la alegría. A mi hermana espiritual, Fernanda Martínez, por su fiel acompañamiento en diferentes etapas de mi vida y por su valioso aporte a este proyecto. A Cristyana Somarriba, por impulsarme y creer en este libro antes de que yo misma lo hiciera.

A Ana Nieto y a mi grupo de autores de España y Latinoamérica, por toda la magia en los meses de escritura. A Chelo Rodríguez de Quesada, Susana Soto, Vanessa Jiménez, Frank Villalta, Cristina Petratti, José Jiménez y Marianela Lacayo por sus contribuciones a este trabajo.

A Gabriela Selser, mi editora, por su apertura, sabiduría y cálido acompañamiento en este proceso. A Yader Ramírez, mi incondicional diseñador, por todo su apoyo en los años trabajando juntos.

A mi maravillosa comunidad virtual, esa que me acompaña y comparte conmigo día a día sus historias de vida desde mis redes sociales y desde el club de madrugadores. Ellos han sido una maravillosa fuente de inspiración todos estos años, para que yo realizara este trabajo y que este libro finalmente viera la luz.

¡GRACIAS!

Gracias por llegar hasta aquí conmigo. Si te gustó este libro y lo has encontrado útil te estaría muy agradecida si dejas tu opinión en Amazon. Tu apoyo es muy importante. Si quieres contactar directamente conmigo aquí tienes mi email y web:

nadia@nadiavado.com

www.nadiavado.com

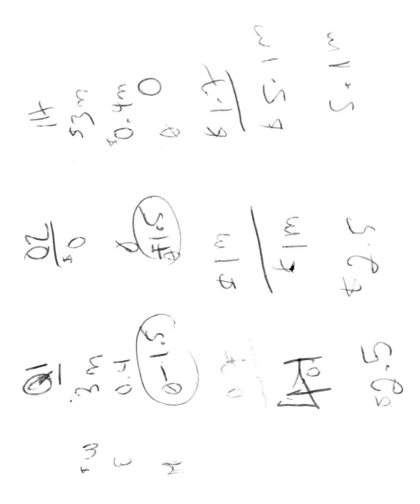

Made in the USA
Columbia, SC
19 September 2020

21194530R00093